예수님과 함께 비전공과

[2학기 신약]

예수님과 함께 비전공과 영.유치부(교사용)
[2학기 신약]

초판 1쇄 발행 | 2018. 5. 31
초판 1쇄 인쇄 | 2018. 5. 31
교재 기획 | 김선미
교재 집필위원 | 정신일 김선미 이지선 김선률
자문위원 | 천준호 정신일 김영수 김동진 표경운 송지헌 최만호
남선우 정풍군
펴낸 곳 | 크리스천리더
편 집 | 이지선
교 정 | 성주희
일부 총판 | 생명의 말씀사 (02) 3159-7979
등 록 | 제 2-2727호(1999. 9.30)
주 소 | 부천시 원미구 중동 1289번지 팰리스카운티 아이파크상가 3층
전 화 | (032) 342-1979
팩 스 | (032) 343-3567
도서 출간 상담 | E-mail:chmbit@hanmail.net
Homepage | cjesus.co.kr

ISBN : 978-89-6594-249-8 04230
978-89-6594-226-9 (세트)

정가 : 5,500원

Leadership
& Partnership
테마1.
재미있는
성경이야기
1년 52주 테마별 어린이 공과
only Jesus
예수님과함께
비전공과
재미있게 배워요~^^
2학기
신약
영·유치부
(~7세)
교사용
크리스천리더

[비전공과] 이렇게 활용하세요!

[비전공과]는 매년 새로운 주제로 영.유치부, 전학년이 사용할 수 있는 통일된 어린이 공과 교재입니다. 다음세대에 예수님의 비전을 세우는 사명을 가지고 정성껏 준비하겠습니다.

첫번째로 올해 테마는 **[재미있는 성경이야기]** 입니다.
성경의 주요내용을 인물별, 사건별로 정리하여 아이들의 신앙생활에 기초가 되고 뿌리가 될 만한 이야기들로 구성하였습니다.
각 과마다 공과를 진행하시기 전에 숙지하셔야 할 부분들을 안내해드렸으니 미리 읽어보시고 체크하시면서 아이들과 함께 풍성한 나눔이 있는 공과를 진행하시길 소망합니다.

이 교재를 사용하신다면,
1. 스스로 묵상하고 하나님과 교제하는 방법을 배울 수 있습니다.
매 과가 시작될 때 <속닥속닥 "하나님, 있잖아요"> 라는 순서를 통해 하나님께 자신의 마음을 마음껏 표현하고 고백하는 시간을 가지며 하나님은 나와 멀리 떨어져 계신 분이 아니라, 언제나 우리와 함께하시고 우리의 이야기를 들으시는 분이라는 것을 깨달을 수 있도록 인도해주세요.

2. 하나님의 사랑을 말씀을 통해 깨달을 수 있습니다.
매 과마다 <오늘 읽어주실 말씀과 멘트>가 제시되어 있으며 이 말씀은 특별히 성경에 나와 있는 '하나님의 사랑'을 주제로 선별한 성경구절입니다. 짧은 성경구절이지만 공과시간마다 함께 읽으며 하나님의 사랑을 깨닫고 누리는 시간을 가지시길 바랍니다.

3. 말씀을 깊이있게 배울 수 있습니다.
성경말씀을 동화처럼 재미있게 들으며 매 과의 주제에 맞는 문제와 활동하기를 해봄으로써 아이들이 배운 내용을 되새김질하고 한 주간의 생활 속에서 기억하며 살 수 있도록 할 수 있습니다.

3. 다양한 자료는 크리스천리더(www.cjesus.co.kr) 홈페이지를 활용 하세요.

목 차

[2학기 신약 과정]

교재의 구성

이 교재는 공과를 배울 때 재미와 흥미를 줄 수 있도록 노력하였습니다.
또한 성경말씀을 알고 이해하는데 초점을 맞추었습니다.
하나의 주제 설교+공과+활동+나눔+믿음생활의 실천까지 배우고 행동할 수 있도록 집필하였습니다.
어린이 여러분, 재미있게 배우세요.

첫번째 테마
재미있는 성경이야기

성경의 내용을 알고 싶어요!

성경은 정말 흥미진진한 이야기가 가득하답니다.
이번 과정은 구약과 신약의 주요 사건들을 재미있게 배울 것입니다.

천지창조, 노아의 홍수사건, 모세의 출애굽사건, 다윗과 골리앗의 전쟁, 엘리야의 기적의 사건, 그리고 신약에 와서 예수님의 놀랍고 신기한 기적 이야기, 십자가와 부활 사건, 그리고 예수님의 제자들이 열심히 전도하여 교회를 세운 이야기 등.

이제, 성경에 있는 아주 중요한 사건들을 차근차근 배워 나갈 거예요.

이 과정을 1년 동안 배우고 나면 성경에 대해서 많이 알게 될 것이고
하나님께서 우리를 얼마나 사랑하고 계신지, 또한 우리를 위한 아주 놀라운 구원의 계획이 성경에 담겨 있다는 것을 알게 될 거예요.
열심히 공부합시다!

{교재 한눈에 보기}

첫 번째 페이지

제목 매주 몇 과인지, 제목이 무엇인지 확인할 수 있어요.
외울말씀 흰 박스 안에 매 과마다 중요한 요절 말씀이 기록되어 있습니다. 꼭 외웁시다.
속닥속닥 "하나님, 있잖아요" 하나님께 내 마음 속 이야기를 해보세요.
성경이야기 들려주세요 설교 말씀의 내용을 기억하며 답이나 장면을 순서대로 기록해보세요.

두 번째 페이지

말씀살피기 설교 말씀을 잘 기억하고 열심히 성경공부를 해봅시다.

14과 하나님은 광야에서 만나를 내려주셨어요

1. 성경본문 | 출애굽기 15:22~16:36
2. 외울 말씀 | 아론이 이스라엘 자손의 온 회중에게 말하매 그들이 광야를 바라보니 여호와의 영광이 구름 속에 나타나더라(출애굽기 16장 10절)
3. 리더들의 외침 | 하나님께 감사하는 어린이가 되자!
4. 공과 주제 |
   1. 하나님께 감사하는 어린이가 되어요.
   2. 하나님의 종을 섬기는 어린이가 되어요.

1. 속닥속닥 "하나님, 있잖아요"
하나님, 있잖아요!

2. 성경이야기 들려주세요
아래 장면을 성경 이야기 들은 내용의 순서에 맞게 번호를 매겨 봅시다.

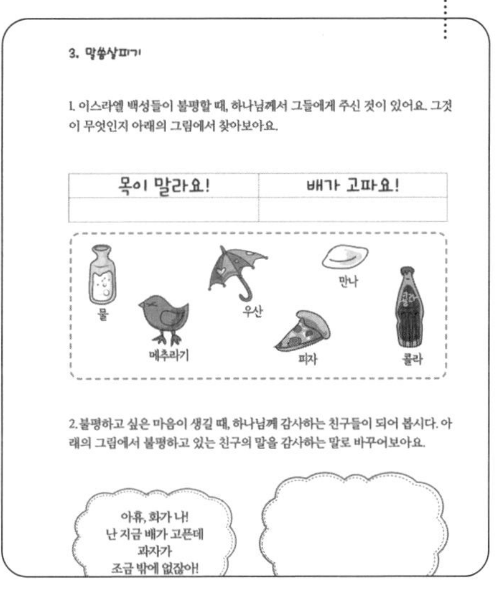

3. 말씀살피기

1. 이스라엘 백성들이 불평할 때, 하나님께서 그들에게 주신 것이 있어요. 그것이 무엇인지 아래의 그림에서 찾아보아요.

목이 말라요!	배가 고파요!

2. 불평하고 싶은 마음이 생길 때, 하나님께 감사하는 친구들이 되어 봅시다. 아래의 그림에서 불평하고 있는 친구의 말을 감사하는 말로 바꾸어보아요.

세 번째 페이지

꼼지락 꼼지락
한 과를 마무리하면서 다양한 활동자료가 수록되어 있습니다. 만들고, 색칠하고, 쓰고, 생각하며 참여하면 어느새 어린 믿음이 쑥쑥 자랄 것입니다.

27과 우리의 구원자 예수님의 탄생

1. **성경본문** | 누가복음 1:26-2:20, 마태복음 1:18-2:11

2. **외울 말씀** | 아들을 낳으리니 이름을 예수라 하라 이는 그가 자기 백성을 그들의 죄에서 구원할 자이심이라 하니라 (마태복음 1장 21절)

3. **리더들의 외침** | 우리의 구원자로 이 땅에 오신 예수님!

4. **공과 주제** |
   1. 천사가 예수님의 탄생을 전했어요.
   2. 예수님은 성령으로 잉태되었어요.
   3. 우리의 구원자 예수님은 우리와 늘 함께 하시는 임마누엘이에요.

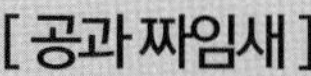

[공과 짜임새]

구분	시간	교사지침	준비물
1. 속닥속닥	10분	하나님과 대화하며 짧은쪽지 남기기	성경책 필기도구 색연필
2. 성경이야기 들려주세요	10분	우리의 구원자로 이 땅에 오신 예수님에 대해 알기	
3. 말씀살피기	10분	예수님의 탄생에 대해 살펴보기	
4. 꼼지락 꼼지락	10분	예수님의 모습을 그려보고 색칠하기	

[이렇게 시작하세요]

우리 아이들은 부모님이나 선생님께 어떤 이야기를 들었을 때 기쁠까요? 공과가 시작되기 전, 아이들에게 질문하시면서 아이들의 관심을 공과에 끌 수 있도록 해보세요. 아이들은 각자 자신의 이야기를 신이 나서 하게 될 것입니다. 아직 발표하는 것이 쑥스러운 아이들이 있다면 억지로 물어보지 마시고 마음 속으로 함께 생각해보도록 이끌어주세요.

오늘 말씀은 우리에게 '가장 기쁜 소식'에 대한 이야기입니다. 아이들 각자가 나눈 기쁜 이야기보다 더 기쁜 이야기이지요. 그것은 바로 예수님의 탄생입니다.

왜냐하면 예수님은 우리를 구원하시기 위해 이 땅 가운데 오신 분이기 때문입니다. 우리 아이들이 이번 시간을 통하여 예수님이 이 땅에 오신 이유와 예수님의 탄생에 대한 이야기를 잘 이해하여 예수님에 대한 사랑이 한뼘 더 자랄 수 있는 시간이 되기를 소망합니다.

1. 속닥속닥 "하나님, 있잖아요"

이 부분은 아이들이 말씀을 듣기 전, 하나님과 대화하는 시간입니다.

본격적인 성경이야기가 시작되기 전에 아이들이 하나님과 친밀한 시간을 가지고 자유롭게 생각하면서 하나님께 하고 싶은 이야기를 적을 수 있도록 도와주세요. 아이들이 써내려가는 이야기의 내용은 속상한 마음일 수도 있고 회개의 마음일 수도 있고 궁금한 마음일 수도 있습니다.

이 부분에서는 아이들이 적은 내용을 확인하기보다는 진솔한 이야기를 적을 수 있도록 독려해주시고 작성이 끝난 후에는 아래의 오늘 읽어주실 말씀을 읽어주시고 멘트를 한번 더 읽어주셔서 아이들의 마음 속에 '하나님은 나를 가장 잘 아시고 가장 많이 사랑하시는 분'이라는 사실을 느낄 수 있도록 해주세요. 이 시간을 통해 우리 아이들이 하나님의 깊고 넓은 사랑을 가득 느낄 수 있기를 소망합니다.

[오늘 읽어주실 말씀과 멘트]

곧 너를 사랑하시고 복을 주사 너를 번성하게 하시되 네게 주리라고 네 조상들에게 맹세하신 땅에서 네 소생에게 은혜를 베푸시며 네 토지 소산과 곡식과 포도주와 기름을 풍성하게 하시고 네 소와 양을 번식하게 하시리니 (신명기 7장 13절)

"너를 사랑하고 복을 주셔서 번성하게 하실 것이란다. 너에게 주시겠다고 너의 조상들에게 맹세하신 땅에서, 너에게 복을 주셔서 자식을 많이 보게 하시고, 땅에 복을 주셔서 열매와 곡식과 새 술과 기름을 풍성하게 내게 하시고, 소와 양에게도 복을 주셔서 새끼를 많이 낳게 하여 주실 것이란다."

2. 성경이야기 들려주세요

어느 마을에 마리아라는 여인이 있었는데 하나님께서는 마리아에게 가브리엘이라는 천사를 보내셔서 마리아가 성령으로 아이를 낳을 것이라고 말씀하셨어요.하지만 마리아는 이해할 수 없었지요. 한편, 마리아의 친척 엘리사벳이라는 여인도 나이가 들어서 임신을 하게 되었어요. 천사는 엘리사벳에게 요한이라는 아들을 낳을 것이고 그는 마리아가 낳을 예수가 태어나기 전에 그의 길을 예비할 자라고 했어요. 그렇다면 마리아의 남편인 요셉은 어떤 마음이었을까요?

요셉은 처음에 마리아가 성령으로 아이를 갖게 된 것을 알고 이상하게 여겨 마리아를 떠나려고 했어요. 그런데 요셉의 꿈에 주의 사자가 나타나서 "다윗의 자손 요셉아 네 아내 마리아 데려오기를 무서워하지 말라 그에게 잉태된 자는 성령으로 된 것이라 아들을 낳으리니 이름을 예수라 하라 이는 그가 자기 백성을 그들의 죄에서 구원할 자이심이라"고 말하며 이 모든 일은 주께서 이루시려는 것이라고 했어요.

"보라 처녀가 잉태하여 아들을 낳을 것이요 그의 이름은 임마누엘이라 하리라 하셨으니 이를 번역한즉 하나님이 우리와 함께 계시다 함이라" 이 말씀은 구약성경에 나오는 선지자 이사야의 예언이었는데 그 예언이 정말 이루어지게 된 거예요.

또한 예수님의 탄생을 기뻐하는 사람들이 있었어요. 그들은 예수님이 계신 곳을 알려주는 별을 보고 동방으로부터 온 박사들이에요. 박사들은 동방에서 보던 별이 앞서 가다가 아기가 있는 곳 위에 멈춰 서 있는 것을 보았어요. 그래서 그들은 별을 보고 기뻐하면서 그 집에 들어가 아기에게 경배하고 보배합을 열어 황금, 유향, 몰약을 예물로 드렸어요. 그 아기가 바로 성령으로 잉태된 예수님이에요. 예수님은 우리를 죄에서 건져주실 구원자이시고 우리와 함께 계시는 임마누엘 예수님이세요. 예수님의 탄생은 매우 기쁜 소식이랍니다(눅2:10-11).

[확인하기] 아래 장면을 성경 이야기 들은 내용의 순서에 맞게 번호를 매겨 봅시다.

3. 말씀살피기

1. 오늘 말씀에서 아래에 제시된 사람들은 누구를 찾아갔었는지 알맞은 설명과 그림을 선으로 이어보세요.

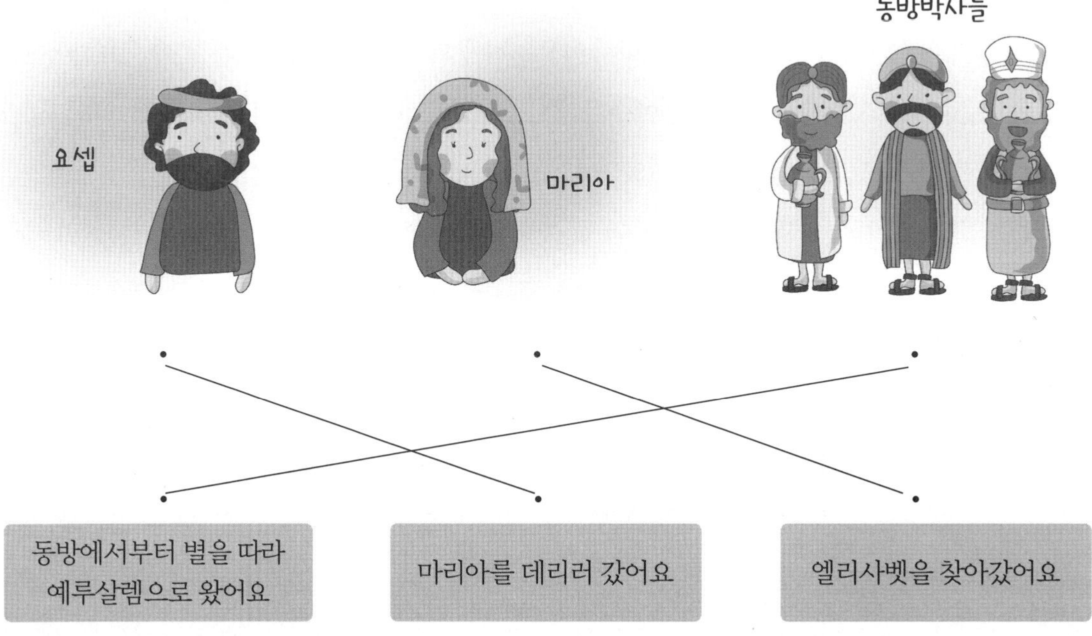

동방에서부터 별을 따라 예루살렘으로 왔어요	마리아를 데리러 갔어요	엘리사벳을 찾아갔어요

2. 예수님의 탄생을 함께 기뻐하면서 아래의 보기 중 2가지를 골라 그 기쁨을 직접 표현해보아요.

1. 찬양부르기
2. 예수님을 모르는 친구에게 예수님에 대해 알려주기
3. 맛있는 간식을 친구들과 나누어 먹으며 기뻐하기
4. 찬양에 맞춰 율동하기
5. 예수님께 감사의 편지쓰기
6. 가족들과 함께 감사의 예배 드리기

[말씀살피기 가이드]

[1번 문제]

오늘 배운 말씀의 내용을 전체적으로 파악해야 풀 수 있는 문제입니다. 또한 예수님의 탄생에 대한 전체적인 배경과 흐름으로, 누가 누구를 만나 어떤 이야기를 들음으로써 어떤 변화가 일어나고 어떤 상황이 벌어졌는지를 알 수 있도록 합니다. 미리 성경 어느 부분에 말씀이 있는지 파악하면 지도하시는데 도움이 됩니다.

[2번 문제]

예수님의 탄생은 우리에게 기쁜소식입니다. 그리고 이 기쁜 소식이 곧 복음입니다.
아이들이 구원의 기쁜소식을 정확히 이해하고 이를 함께 기뻐하며 표현할 수 있도록 인도해주시면 됩니다. 특별히 세상 어떤 것보다 기쁜소식은 바로 예수님을 보내주신 사건임을 잘 알려주세요. 보기 외에도 혹 아이들 나름의 좋은 아이디어가 있다면 적극 격려해주시면서 실천해볼 수 있도록 도와주시길 바랍니다.

[참고자료] 예수님께서 탄생하신 '베들레헴'

예수께서는 베들레헴에서 나셨습니다. 베들레헴은 '떡의 집'이라는 뜻인데, 생명의 양식, 곧 하늘로부터 내려온 떡이신 분이 태어나시기에 적합한 땅이었습니다. 베들레헴은 다윗의 자손인 예수께서 태어나셔야 할 곳이었습니다.
동정녀 마리아가 임신하여 해산 때가 가까워지자 하나님의 섭리하심에 의하여 로마제국의 모든 속민들은 제국의 명령에 따라 호적하게 되었습니다.
백성들은 세대별로 등록하고 기록해야 했는데, 이는 가이사 아구스도가 자기 백성들의 수를 알고, 그것을 세상에 공포함으로써 자신의 통치가 더욱 막강해 보이도록 하기 위함이었습니다.
이 일로 요셉과 마리아도 갈릴리의 나사렛에서 유대의 베들레헴으로 가야 했습니다. 그들은 다윗의 집 족속이었기 때문입니다(눅2:4-5). 따라서 이 일은 하나님의 여러 가지 목적들에 일치하게 되었습니다. 여기에는 우리가 분명히 알아야 할 하나님의 섭리가 담겨 있습니다.

동정녀 마리아는 이미 잉태하여 베들레헴으로 가서 예언에 따라 거기서 해산하게 되었습니다. 또한, 예수 그리스도가 다윗의 자손에게서 났다는 것이 분명해졌습니다. 예수 그리스도의 어머니가 베들레헴으로 가게 된 것은 그녀가 다윗 집 족속이라는 분명한 사실을 증명하기 때문입니다.

[꼼지락 꼼지락]

[사랑하는 예수님 그려보고 색칠하기]

우리와 항상 함께하시는 임마누엘 예수님을 떠올리며 예수님의 모습을 그리고 색칠하는 활동입니다. 아이들이 즐겁게 예수님의 모습을 예쁘게 꾸미고 나면 함께 서로가 그린 그림을 칭찬하는 시간을 가져보시고 선생님께서는 예수님은 우리와 함께 하신다는 사실을 이야기 해주시면 좋습니다.

27. 꼼지락 꼼지락 [사랑하는 예수님 그려보고 색칠하기]

우리와 항상 함께하시는 임마누엘 예수님을 떠올리며 예쁘게 그리고 색칠해보세요.

28과 마귀의 시험을 이기신 예수님

1. **성경본문** | 누가복음 3:21-22, 4:1-13

2. **외울 말씀** | 예수께서 대답하여 이르시되 기록된 바 주 너의 하나님께 경배하고 다만 그를 섬기라 하였느니라 (누가복음 4장 8절)

3. **리더들의 외침** | 성령 충만함을 입음으로 승리하는 하나님의 자녀가 되자!

4. **공과 주제** |
   1. 마귀 앞에서의 예수님의 모습을 본받아요.
   2. 성령 충만함을 입어 승리하는 어린이가 되어요.

[공과 짜임새]

구분	시간	교사지침	준비물
1. 속닥속닥	10분	하나님과 대화하며 짧은쪽지 남기기	성경책 필기도구
2. 성경이야기 들려주세요	10분	예수님이 마귀에게 시험 받으신 이야기 살펴보기	
3. 말씀살피기	10분	성령충만한 어린이가 되기 위한 다짐하기	
4. 꼼지락 꼼지락	10분	숨은그림찾기	

[이렇게 시작하세요]

우리 아이들에게 유혹이란 무엇일까요? 먼저 유혹이라는 단어의 의미가 무엇인지 설명해주세요. 국어사전에서 유혹이란, '꾀어서 정신을 혼미하게 하거나 좋지 아니한 길로 이끎'이라고 합니다. 쉽게 말하면 올바르지 않은 일이나 행동을 하도록 이끄는 것이라고 할 수 있지요.

이렇게 본다면 아이들에게 유혹은 책보다 만화를 더 보고 싶은 것, 엄마가 사두신 과자를 몰래 꺼내먹고 싶은 것, 밤에 조금 더 놀고 싶은 것이 될 수도 있겠습니다.

아이들 각자가 생각하는 유혹에 대해 나눠보시면서 유혹에 대해 함께 생각해보시면 좋습니다.

오늘 본문에서도 마귀가 예수님에게 유혹합니다. 한 번도 아닌 세 번씩이나 말이죠. 그런데 예수님은 유혹에 조금도 흔들리지 않으셨습니다. 어떻게 이겨낼 수 있으셨을까요?

사실 엄밀히 말해 예수님은 사단에게 시험을 당하신 것이 아닙니다. 예수님은 하나님이시지만, 육신의 연약함은 예수님 조차도 훈련이 필요하셨습니다. 그래서 예수님은 성령님의 도우심으로 사단의 시험을 물리치시고, 구속사역을 감당하실 수 있으셨습니다. 오늘 배울 예수님의 모습을 통해 우리 아이들이 예수님을 본받아 유혹을 물리칠 수 있도록 기도로 준비해주시길 바랍니다.

1. 속닥속닥 "하나님, 있잖아요"

이 부분은 아이들이 말씀을 듣기 전, 하나님과 대화하는 시간입니다. 본격적인 성경이야기가 시작되기 전에 아이들이 하나님과 친밀한 시간을 가지고 자유롭게 생각하면서 하나님께 하고 싶은 이야기를 적을 수 있도록 도와주세요. 아이들이 써내려가는 이야기의 내용은 속상한 마음일 수도 있고 회개의 마음일 수도 있고 궁금한 마음일 수도 있습니다.

이 부분에서는 아이들이 적은 내용을 확인하기보다는 진솔한 이야기를 적을 수 있도록 독려해주시고 작성이 끝난 후에는 아래의 오늘 읽어주실 말씀을 읽어주시고 멘트를 한번 더 읽어주셔서 아이들의 마음 속에 '하나님은 나를 가장 잘 아시고 가장 많이 사랑하시는 분'이라는 사실을 느낄 수 있도록 해주세요. 이 시간을 통해 우리 아이들이 하나님의 깊고 넓은 사랑을 가득 느낄 수 있기를 소망합니다.

<오늘 읽어주실 말씀과 멘트>

이르되 하늘의 하나님 여호와 크고 두려우신 하나님이여 주를 사랑하고 주의 계명을 지키는 자에게 언약을 지키시며 긍휼을 베푸시는 주여 간구하나이다 (느헤미야 1장 5절)

"하늘의 하나님, 위대하시고 두려운 하나님, 주님을 사랑하고 주님의 계명을 지키는 사람들과 세운 언약을 지키시며 은혜를 베푸시는 하나님, 간절히 구합니다."

2. 성경이야기 들려주세요

예수님께서 요단강에서 세례를 받으실 때, 하늘이 열리고 예수님의 위에 성령이 강림하시더니 하늘로부터 어떤 소리가 났어요. "너는 내 사랑하는 아들이라 내가 너를 기뻐하노라"

하나님의 음성이었어요. 그후에 예수님은 성령의 충만함을 입고 광야로 가셨습니다. 예수님은 그곳에서 시험을 받으셨는데, 바로 마귀의 유혹이었어요. 끈질긴 마귀는 세 번씩이나 예수님을 유혹했어요.

첫 번째 유혹은, '이 돌들로 떡이 되게 해보라'는 것이었어요. 그러자 예수님은 말씀하셨어요

"기록에 보면 사람이 떡으로만 살 것이 아니라."

두 번째 유혹은, 높은 곳에 올라가 마귀가 이렇게 말했어요. "이것은 내게 넘겨 준 것이니까 내가 원하는 자에게 줄 수 있다. 이 모든 권위와 그 영광을 너에게 주겠다. 네가 만일 나에게 절하면 다 네 것이 될 것이다."

하지만 예수님은 이렇게 대답하셨어요. "기록에 보면, 주 너의 하나님께 경배하고 다만 그를 섬기라 하였다."

세 번째 유혹은, 예루살렘 성전 꼭대기에서 '만일 하나님의 아들이라면 여기서 뛰어내려보라'는 것이었어요. '기록된 것을 보면, 하나님이 너를 위해 사자가 너를 지키도록 하시리라 하였고 또한 그들이 손으로 너를 받들어 네 발이 돌에 부딪치지 않게 하시리라 하였다'고 말하면서 말이에요. 하지만 예수님은 흔들리지 않으시고 이렇게 말씀하셨어요.

"주 너의 하나님을 시험하지 말라 하였다."

예수님이 이 말을 마치시자, 마귀는 떠나갔어요. 예수님은 성령 충만함으로 마귀의 유혹을 모두 이기셨습니다.

[확인하기] 아래 장면을 성경 이야기 들은 내용의 순서에 맞게 번호를 매겨 봅시다.

3. 말씀살피기

1. 나에게 유혹이 찾아올 때, 나는 어떻게 유혹을 물리칠 수 있을까요?
   함께 아래의 글자를 따라 써보면서 유혹을 물리쳐 보아요.

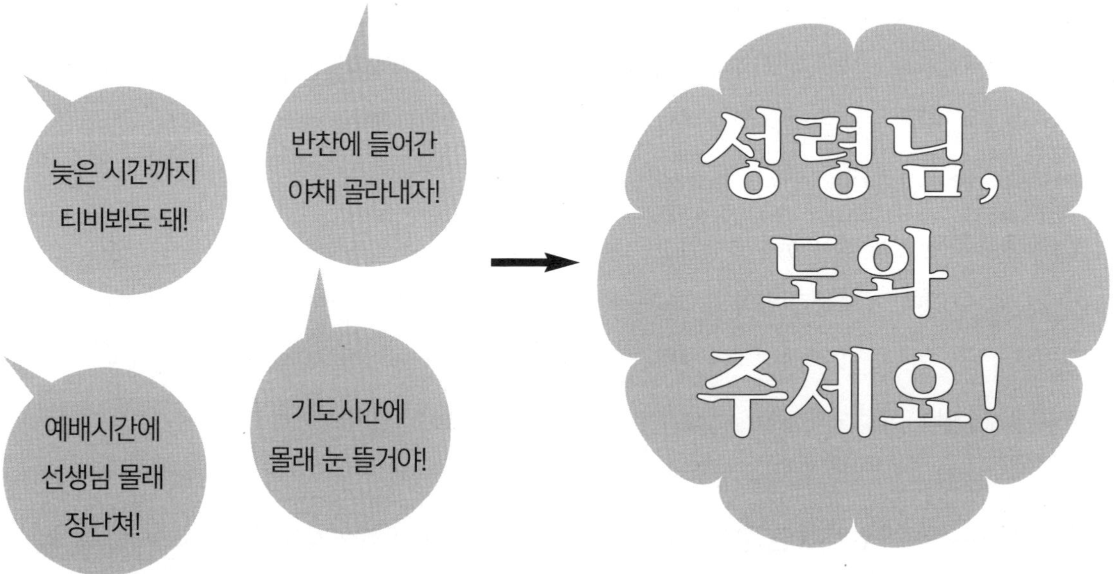

2. 성령 충만함을 입은 어린이가 되기 위한 '다짐'을 빈칸에 적고, 사다리를 타고 나오는 다짐을 한 주 동안 실천해보아요.

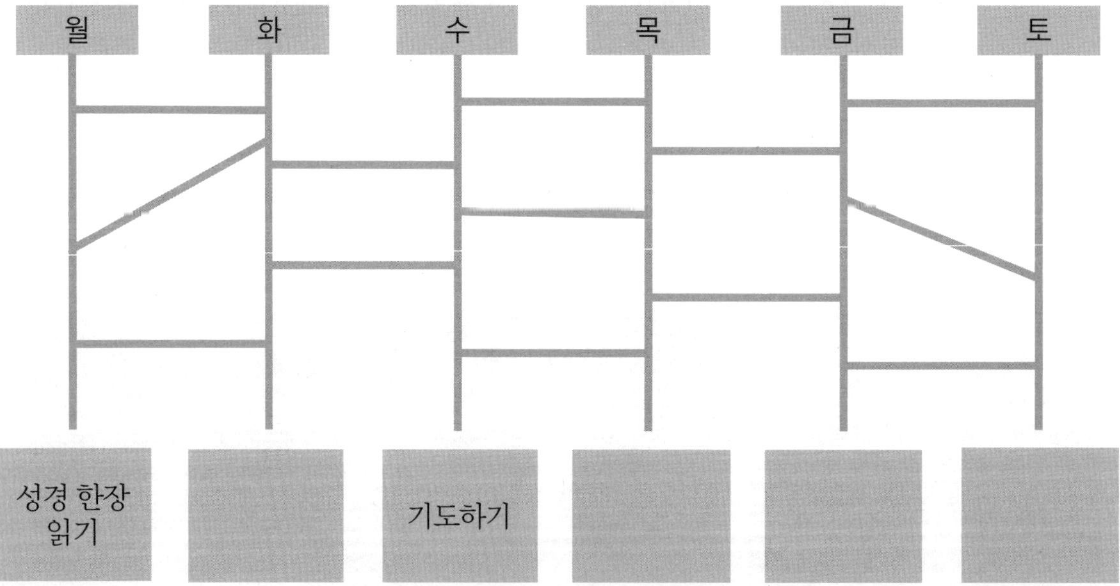

[말씀살피기 가이드]

[1번 문제]

오늘 말씀에서 예수님의 모습을 통해 유혹을 이겨내는 방법에 대해 배웠을 것입니다.
먼저 아이들이 스스로 생각해보도록 하고 글자를 따라쓴 후에 아이들과 기도하며 성령님을 의지함으로 유혹을 이겨낼 수 있도록 지도해주시길 바랍니다. 이번 문제에서 중요한 것은 '성령님을 의지함으로 유혹 이겨내기' 입니다.

[2번 문제]

사다리타기를 해서 요일별로 나오는 다짐이나 실천사항을 결과표 빈칸에 작성하여 한 주동안 실천할 수 있도록 지도해줍니다. 또한 여기서 성령충만함에 대해 설명해주시기 바랍니다. 성령의 충만함은 믿음생활에 가장 중요한 상태입니다. 우리 믿는 자들은 성령충만을 통해 주님의 뜻을 이해하며 순종할 수 있습니다.
성령충만함은 성령의 감화와 인도하심이 한 인격체 위에 충만함을 말하고 있습니다. 다시 말해 성령님께서 성도의 마음을 절대적으로 주장하시며 완전히 지배하시는 상태를 가리킵니다(엡5:18). 성령 충만은 우리가 일평생 동안 누릴 수 있는 하나님의 은혜요, 축복입니다.
아이들에게 성령충만함의 상태를 이해시키기에 조금 어려울 수 있으니 성령충만함이란 '매일 하나님에 대한 감사한 마음과 예수님 뜻대로 살고자 하는 순종의 마음가짐'이라고 알려주시면 좋을 것 같습니다.

[참고자료] 말씀으로 이기신 예수님

'기록된 바'(눅4:4,8) 는 구약에서 인용한 것입니다. 그러므로 우리는 성경에서 권능을 얻어야 합니다. 예수님께서 또한 인용한 성경 본문은 신명기 8장 3절입니다.
'사람이 떡으로만 사는 것이 아니요 여호와의 입에서 나오는 모든 말씀으로 사는 줄을 네가 알게 하려 하심이니라'.
그러므로 예수님께서는 돌을 떡이 되게 하실 필요가 없으셨습니다.
예수님의 인용을 보고 마귀 자신도 하나님의 말씀을 인용하려 들었습니다(눅4:10-11).

[꼼지락 꼼지락]

[숨은그림찾기]

오늘 배운 '마귀의 시험을 이기신 예수님'을 기억하면서 재미있는 숨은찾기 놀이를 해봅시다. 아이들이 숨은 그림을 찾으며 오늘 배운 내용을 정리해볼 수 있도록 인도해주시면 좋습니다.

28. 꼼지락 꼼지락 [숨은그림찾기]

예수님은 마귀의 시험을 이기셨어요. 마귀의 시험을 이기신 예수님을 함께 찬양하며
아래의 그림에서 숨겨져있는 그림들을 찾아 동그라미를 쳐보세요.

숨은 그림
거대한 신상, 풍선, 뱀, 물고기

29과 예수님께서 천국 복음을 전파하셨어요

1. **성경본문** | 마태복음 4:12-22

2. **외울 말씀** | 이 때부터 예수께서 비로소 전파하여 이르시되 회개하라 천국이 가까이 왔느니라 하시더라 (마태복음 4장 17절)

3. **리더들의 외침** | 하나님 나라를 전파하는 어린이가 되자!

4. **공과 주제** |
   1. 어두움을 비취는 빛이신 예수님을 알아가요.
   2. 예수님과 동행한 제자들처럼 예수님을 따라요.
   3. 복음을 전하는 하나님 나라의 어린이가 되어요!

[공과 짜임새]

구분	시간	교사지침	준비물
1. 속닥속닥	10분	하나님과 대화하며 짧은쪽지 남기기	성경책 필기도구
2. 성경이야기 들려주세요	10분	예수님이 제자들과 무리들과 동행하며 하나님 나라를 전파하신 배경 전달하기	
3. 말씀살피기	10분	빛 되신 예수님의 제자로 살아가기	
4. 꼼지락 꼼지락	10분	틀린그림찾기	

[이렇게 시작하세요]

예수님을 전하는 일은 누가 하는 것일까요? 우리 아이들은 믿지 않는 친구나 가족 등에게 내가 알고 있는 예수님에 대해 이야기해 본 적이 있을까요? 아이들에게 한번 질문해보세요. 이 질문의 답을 통해 아이들은 복음에 대해 다시 한번 점검하고 정리하는 시간을 갖게 될 것입니다.
오늘 말씀을 보면 제자들은 예수님께서 가르치시고 병든 자들을 고치시는 동안 예수님의 옆에 있으면서 복음을 전했습니다. 이와 마찬가지로 우리도 예수님의 제자로서 예수님을 전하는 친구들을 되어야 겠지요. 이 시간을 통해 예수님께서 우리에게 말씀하신 것은 무엇이고 그 말씀에 순종하는 어린이가 될 수 있도록 함께 도와주시길 바랍니다.

1. 속닥속닥 “하나님, 있잖아요”

이 부분은 아이들이 말씀을 듣기 전, 하나님과 대화하는 시간입니다. 본격적인 성경이야기가 시작되기 전에 아이들이 하나님과 친밀한 시간을 가지고 자유롭게 생각하면서 하나님께 하고 싶은 이야기를 적을 수 있도록 도와주세요. 아이들이 써내려가는 이야기의 내용은 속상한 마음일 수도 있고 회개의 마음일 수도 있고 궁금한 마음일 수도 있습니다.
이 부분에서는 아이들이 적은 내용을 확인하기보다는 진솔한 이야기를 적을 수 있도록 독려해주시고 작성이 끝난 후에는 아래의 오늘 읽어주실 말씀을 읽어주시고 멘트를 한번 더 읽어주셔서 아이들의 마음 속에 ‘하나님은 나를 가장 잘 아시고 가장 많이 사랑하시는 분’이라는 사실을 느낄 수 있도록 해주세요. 이 시간을 통해 우리 아이들이 하나님의 깊고 넓은 사랑을 가득 느낄 수 있기를 소망합니다.

<오늘 읽어주실 말씀과 멘트>
여호와께서 정의를 사랑하시고 그의 성도를 버리지 아니하심이로다 그들은 영원히 보호를 받으나 악인의 자손은 끊어지리로다 (시편 37편 28절)

“주님께서는 공의를 사랑하시고, 그의 성도를 버리지 아니하신단다. 그들은 영원히 보호를 받지만, 악인의 자손은 끊어질 것이다.”

2. 성경이야기 들려주세요

예수님은 빛으로 오셨어요. 그리고 예수님이 오심으로 어두움이 물러갔어요. 예수님이 오시기 전부터 이 빛에 대해 선지자 이사야가 예언을 했었는데, 예수님이 빛으로 오심으로 그 예언이 성취되었어요. 그리고 예수님은 선포하셨어요. "회개하라 천국이 가까웠느니라."

천국이 가까워지기 전에 하나님을 믿지 않는 사람들에게 하나님을 전파해야 해요.

한편, 예수님과 함께한 사람들이 있었는데 바로 예수님의 제자들과 예수님이 행하신 일들을 직접 보았던 수많은 무리들이었어요.

어느 날, 예수님은 갈릴리 해변을 다니시다가 그물을 던지는 어떤 형제들을 보셨습니다. 그들은 어부 베드로와 안드레 형제였지요. 예수님께서 그들에게 사람을 낚는 어부가 되게 하신다는 말씀에 그들은 그물을 던져두고 예수님을 따랐습니다. 그 다음에 만난 두 형제 야고보와 요한도 마찬가지로 예수님을 따랐어요. 그리고 예수님은 그들과 함께 다니시면서 회당에서 가르치기도 하시고, 병든 사람들과 약한 사람들을 고치시고, 많은 사람들에게 기적을 행하셨어요. 그러자 더 많은 사람들이 예수님을 따랐고 예수님은 더욱 많은 사람들에게 천국 복음을 전하셨어요.

예수님이 행하신 일에 대해 소문이 나자 사람들은 앓는 사람, 병에 걸려서 고통당하는 사람, 귀신 들린 사람, 간질하는 사람, 중풍병자들을 예수님 앞으로 데려왔는데 예수님은 그 수많은 사람들을 모두 고쳐주셨습니다. 그 일로 갈릴리와 데가볼리, 예루살렘과 유대와 요단 강 건너편의 수많은 무리가 예수님을 따랐어요.

우리도 제자들과 무리들처럼 예수님과 동행하며 천국 복음을 전파해야 해요. 복음이란 '좋은 소식'이라는 뜻이에요. 하나님 나라의 좋은 소식을 전하는 우리 친구들이 되어요.

[확인하기] 아래 장면을 성경 이야기 들은 내용의 순서에 맞게 번호를 매겨 봅시다.

3. 말씀살피기

1. 다음의 보기에서 오늘 배운 '빛'과 관련된 것들을 찾아 동그라미로 표시해보세요.

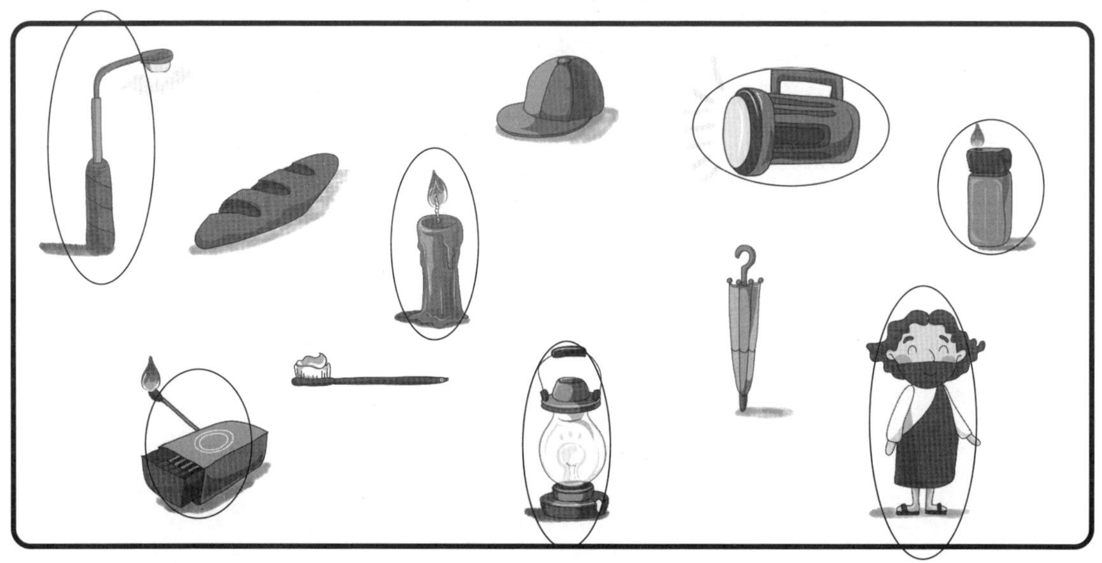

2. 아래의 그림 중에서 올바른 예수님의 제자의 모습에 색칠해보고
   이번 한 주간 우리도 함께 실천해보아요.

[말씀살피기 가이드]

[1번 문제]

어두움을 비추는 7가지 그림(양초, 손전등, 탁상용 램프, 가로등, 라이터, 성냥, 예수님)을 하나씩 짚어주며, 용도에 대해 간단하게 설명해줍니다. 그리고 마지막에 예수님에 대해 설명하실 때, 어둠 가운데에 빛으로 오셔서 이 세상을 환히 밝히셨음을 강조하며 앞에 어둠을 밝히는 빛들이 있지만 예수님의 빛이 가장 밝고 강하다는 것을 설명해줍니다(마4:16;사9:2).

[2번 문제]

빛으로 오신 예수님을 닮아가는 제자는 어떤 모습이어야 할까요? 오늘 말씀을 들으며 아이들과 함께 생각해보는 시간을 가져봅시다. 그 후에 올바른 모습을 골라보고 색칠해보면서 아이들 스스로 자신의 모습을 돌아보고 다짐하는 시간을 갖도록 해주시면 좋습니다.

[참고자료]

복음의 근원자, 예수님

복음은 '좋은 소식'(good news), '기쁜 소식'(good news)이란 뜻으로 헬라 시대에는 전쟁의 승전보, 자녀 탄생 소식 및 일반적으로 매우 기쁜 소식 등을 가리키는 말이었습니다.

이것이 성경에서 차용되어 하나님께서 인간 구원을 위해서 예수 그리스도를 통해 주신 기쁨의 소식, 곧 복된 소식을 가리키는 말이 되었습니다. 이 복음은 예수 그리스도에 관한 하나님의 약속(롬 1:2)이고, 하나님의 구원하시는 능력(롬 1:16-17)이며 새 언약(렘 31:31-34; 히 10:9)으로서, 복음의 내용은 그리스도의 십자가 죽음으로 말미암은 죄사함의 은총과 부활로 말미암은 영생의 복락을 의미합니다(요 3:16; 14:16; 롬 3:25; 골 1:20). 우리 믿음의 근본은 바로 이 복음입니다.

우리는 오직 이 복음을 받아들여야 하고(요 1:12), 순종하며(롬 1:5; 6:17) 믿어야 합니다. 무엇보다 그리스도께서 명하셨듯이 복음을 널리 전파해야 합니다(막 16:15; 고전 15:1).

빛되신 예수님

마태가 이사야의 예언을 인용함(사9:1-2)은 영적인 어두움과 사망의 그늘 아래 놓여있던 곳에 그리스도께서 오심으로 새로운 빛이 비추어진 상황을 묘사하고 있습니다.

이 빛은 성경에서 지정한 지식이거나(시36:9) 하나님께 영광 돌리는 생활(엡4:15,24), 기쁨(시97:11) 등을 가리키지만 흑암의 세력에 대한 반대어로 쓰인 '빛'이란 바로 예수 그리스도를 가리킵니다(요

1:9;사49:8). 예수 그리스도로 말미암아 어둠의 세력에 있던 세상은 하나님에 대한 참다운 지식을 가지고 구원의 기쁨으로 가득 차 하나님께 영광 돌리는 삶을 살게 됩니다. 우리는 바로 빛 되신 예수 그리스도를 믿는 것이므로 그 빛을 세상에 널리 전하는 사명을 다하여야 할 것입니다.

[꼼지락 꼼지락]

[틀린그림찾기]

예수님은 천국 복음을 전하셨습니다. 우리도 예수님의 제자로서 복음을 듣지 못한 사람들에게 복음을 전해야 겠지요. 예수님의 제자로 살기를 다짐하며 친구들과 함께 재미있는 틀린그림찾기를 하도록 인도해주시길 바랍니다.

아래의 두 그림에는 서로 다른 곳이 있네요. 친구들과 함께 재미있게 찾아봅시다.

30과 백부장의 믿음

1. **성경본문** | 누가복음 7:1-10

2. **외울 말씀** | 보내었던 사람들이 집으로 돌아가 보매 종이 이미 나아 있었더라 (누가복음 7장 10절)

3. **리더들의 외침** | 믿음의 사람이 되자!

4. **공과 주제** |
   1. 예수님께서 백부장의 종을 낫게 해주셨어요.
   2. 백부장의 믿음을 본받아요.
   3. 무엇이든 예수님께 도움을 구하는 믿음의 어린이가 되어요.

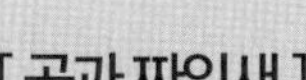

[공과 짜임새]

구분	시간	교사지침	준비물
1. 속닥속닥	10분	하나님과 대화하며 짧은쪽지 남기기	성경책 필기도구 주사위 팀 표시할 수 있는 말
2. 성경이야기 들려주세요	10분	예수님께서 칭찬하시는 믿음의 사람 백부장의 이야기를 통해 믿음에 대한 생각 열기	
3. 말씀살피기	10분	백부장의 믿음에 관한 이야기 되새기기	
4. 꼼지락 꼼지락	10분	믿음마블 게임 하기	

[이렇게 시작하세요]

오늘 배울 말씀에서 중요한 단어는 '믿음'입니다. 그런데 우리 아이들에게 믿음이라는 단어와 뜻은 조금 어렵게 느껴질 것입니다. 그러니 먼저 선생님께서 믿음이 무엇인지 정확히 이해하신 후에 아이들과 함께 '믿음이 무슨 뜻일까'에 대해 나눠보시면 좋을 것 같습니다.
믿음에 대한 정의는 마태복음 16장 16절 베드로의 고백에 잘 나타나 있습니다.
"시몬 베드로가 대답하여 이르되 주는 그리스도시요 살아 계신 하나님의 아들이시니이다"
첫 번째로 예수님은 주님이시라는 것, 두 번째로 주님은 그리스도(메시아)시라는 것, 세 번째로 예수님은 하나님의 아들이시라는 것을 믿는 것이 믿음이라고 할 수 있지요.
오늘 말씀은 백부장에 대한 이야기입니다. 오늘 말씀을 통하여 우리 아이들의 믿음이 쑥쑥 자랄 수 있기를 기도하며 시작해주세요.

1. 속닥속닥 "하나님, 있잖아요"

이 부분은 아이들이 말씀을 듣기 전, 하나님과 대화하는 시간입니다. 본격적인 성경이야기가 시작되기 전에 아이들이 하나님과 친밀한 시간을 가지고 자유롭게 생각하면서 하나님께 하고 싶은 이야기를 적을 수 있도록 도와주세요. 아이들이 써내려가는 이야기의 내용은 속상한 마음일 수도 있고 회개의 마음일 수도 있고 궁금한 마음일 수도 있습니다.
이 부분에서는 아이들이 적은 내용을 확인하기보다는 진솔한 이야기를 적을 수 있도록 독려해주시고 작성이 끝난 후에는 아래의 오늘 읽어주실 말씀을 읽어주시고 멘트를 한번 더 읽어주셔서 아이들의 마음 속에 '하나님은 나를 가장 잘 아시고 가장 많이 사랑하시는 분'이라는 사실을 느낄 수 있도록 해주세요. 이 시간을 통해 우리 아이들이 하나님의 깊고 넓은 사랑을 가득 느낄 수 있기를 소망합니다.

<오늘 읽어주실 말씀과 멘트>
여호와는 나의 사랑이시요 나의 요새이시요 나의 산성이시요 나를 건지시는 이시요 나의 방패이시니 내가 그에게 피하였고 그가 내 백성을 내게 복종하게 하셨나이다 (시편 144편 2절)

"주님은 나의 사랑, 나의 요새, 나의 산성, 나의 구원자, 나의 방패시란다. 내가 주님께 피하였고 주님께서 내 백성이 나에게 복종하게 하셨다."

2. 성경이야기 들려주세요

“저기 가버나움에 가면 병을 고치는 사람이 있어. 그 사람의 옷깃만 만져도 앓던 병이 싹 사라지나봐.” 이 소리는 예수님을 두고 하는 소리였어요. 그리고 이 소문은 어느 백부장의 귀에도 들렸어요. 이 백부장에게는 병을 앓고 있는 종이 있었는데, 그는 종의 병이 낫기를 간절히 원했지요.

그래서 백부장은 예수님께 도움을 구하기로 마음을 먹었어요. 하지만 그는 예수님께 직접 나갈 수가 없었어요. 왜냐하면 능력의 예수님을 감당할 수가 없었거든요. 그래서 그는 유대인의 장로들을 예수님께 보내어, 자신의 종이 낫게 되기를 간절히 부탁드렸어요. 백부장은 평소에도 다른 사람들에게 모범이 되는 사람이었기 때문에 장로들은 백부장을 위해 예수님께 간청했습니다.

이 말을 들으신 예수님은 백부장의 집으로 향하셨어요. 그런데 그의 집 근처에 갔을 때 ,백부장은 예수님께 친구들을 보내어 수고하지 마시고 말씀만 해주시기를 원했어요. 그에게는 예수님의 말씀만으로도 종이 나을 수 있다는 확신과 믿음이 있던 것이지요. 그러자 예수님은 그곳에 있던 무리들에게 말씀하셨어요.

“나는 이스라엘 사람 가운데에서도 이만한 믿음을 본 일이 없다.”

그리고 그의 친구들이 집으로 돌아갔을 때, 그들은 놀라운 기적을 보았어요. 그것은 바로 병들어 죽기 직전이었던 종이 깨끗이 나아있는 것이었어요.

예수님께서는 백부장의 믿음을 보시고 그의 간구를 들어주셨고 그들은 예수님의 놀라운 능력을 체험하게 된 것이에요. 이런 백부장의 믿음을 본받아 우리 친구들도 믿음이 쑥쑥 자라는 주님의 멋진 자녀가 되기를 소망해요.

[확인하기] 아래 장면을 성경 이야기 들은 내용의 순서에 맞게 번호를 매겨 봅시다.

3. 말씀살피기

1. 백부장의 사랑하는 종이 나을 수 있었던 이유는 무엇이었을까요?
   아래의 글씨를 따라 써본 후에 함께 읽어보아요.

2. 보일락 말락 하얀 상자 뒤에 숨겨진 글자가 무엇인지 맞혀보고 친구들과 함께 큰 소리로 외쳐보아요.

[말씀살피기 가이드]

[1번 문제]

백부장의 종이 나을 수 있었던 것은 '백부장의 믿음' 때문이었습니다. 아이들이 글씨를 따라 쓰고 직접 읽어보면서 '믿음'이라는 단어와 의미에 대해 익숙해지고 삶을 살아갈 때에 믿음을 따라 행하는 아이들이 될 수 있도록 지도해주세요.
아이들에게 믿음은 예수님을 의지하고 그 뜻대로 순종하며 살아가는 마음과 행동이라는 사실을 알려주시기 바랍니다.

[2번 문제]

오늘은 백부장의 믿음에 대해 배웠습니다. 이를 통해 우리 아이들은 예수님을 믿는 믿음에 대해 다시 한 번 생각해볼 수 있는 시간을 가지게 되었지요. 숨겨진 글자를 찾아보면서 우리 아이들이 백부장처럼 어떤 상황에서도 예수님을 믿는 믿음의 어린이가 되기를 다짐하는 시간이 되길 바랍니다.

[참고자료]

믿음

성경에서 믿음은 하나님께서 주시는 내적 확신이나 사랑의 태도를 말합니다. 믿음은 예수 그리스도를 통해서 보인 역사적인 계시에 대해 성령의 감동을 받아 나타내 행하신 모든 것을 마음속으로 믿고 실천하는 인간의 반응으로 보고 있습니다.
바울은 이 믿음은 하나님이 주신 선물이라 말씀하고 있고, 로마서 기록에서는 오직 의인은 믿음으로 말미암아 살리라(롬1:8)고 기록하고 있습니다. 또한 히브리서 11장엔 '믿음은 바라는 것들의 실상이고 보지 못하는 것의 증거'라 정의하기도 합니다. 이 믿음은 곧 우리를 천국으로 이끄는 동력이 되며 하나님의 놀라운 사랑의 선택을 의미합니다. 왜냐하면 우리는 이 믿음으로 구원을 받기 때문입니다.

[꼼지락 꼼지락]

[재미있는 믿음마블]

친구들과 함께 순서를 정하여 게임을 시작합니다. 준비물은 위치를 표시할 수 있는 말과 주사위입니다. 출발선에서 시작하여 주사위를 던져 나온 숫자만큼 칸을 옮겨가고 칸에 적혀있는 미션을 수행하면 됩니다. 게임을 진행하시되 아이들이 승부에 연연하지 않고 칸에 적혀진 미션을 수행하며 오늘 배운 말씀을 즐겁게 응용해볼 수 있도록 도와주시면 됩니다.

30. 꼼지락 꼼지락 [재미있는 믿음마블]

친구들과 함께 재미있는 믿음게임을 해보아요.
출발! 칸에서 출발하여 순서대로 주사위를 던져 주사위에 나온 숫자대로 칸을 움직이고 칸에 적힌 미션을 수행하는 게임입니다.

성경책으로 오늘의 외울말씀 찾기	꽝!	뒤로 1칸 가기
친구들에게 사랑한다고 말하기		눈 감은 채 친구의 손 잡고 성전 한 바퀴 돌기
꽝!		앞으로 1칸 가기
하나님께 감사기도 드리기		믿음이 좋다고 생각하는 친구 찾기
출발!	도착! ♥ 서로 안아주세요!	성경 속 믿음의 사람 이름 외치기

31과 예수님께서 제자들을 파송하셨어요

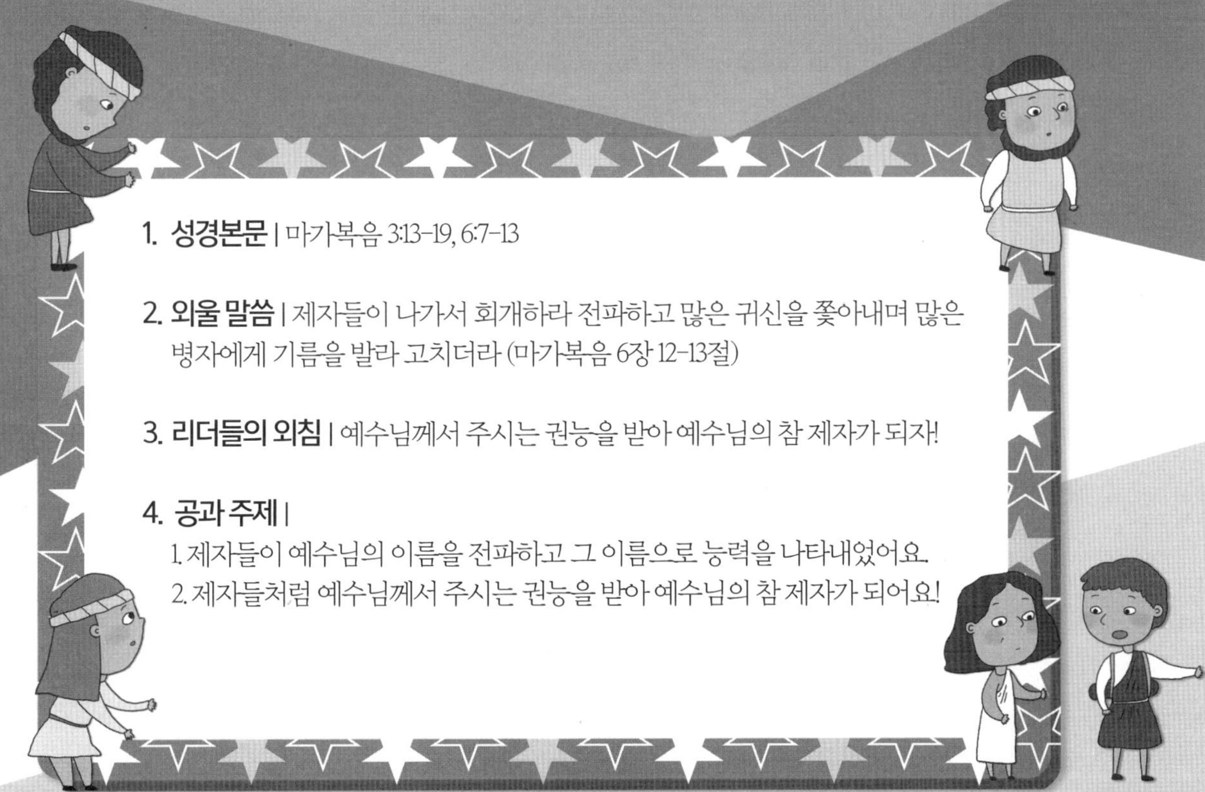

1. **성경본문** | 마가복음 3:13-19, 6:7-13

2. **외울 말씀** | 제자들이 나가서 회개하라 전파하고 많은 귀신을 쫓아내며 많은 병자에게 기름을 발라 고치더라 (마가복음 6장 12-13절)

3. **리더들의 외침** | 예수님께서 주시는 권능을 받아 예수님의 참 제자가 되자!

4. **공과 주제** |
   1. 제자들이 예수님의 이름을 전파하고 그 이름으로 능력을 나타내었어요.
   2. 제자들처럼 예수님께서 주시는 권능을 받아 예수님의 참 제자가 되어요!

[공과 짜임새]

구분	시간	교사지침	준비물
1. 속닥속닥	10분	하나님과 대화하며 짧은쪽지 남기기	성경책 필기도구
2. 성경이야기 들려주세요	10분	예수님께서 제자들을 파송하시기 전에 하신 일들과 제자들이 하나님 나라를 전파한 일들 알아보기	
3. 말씀살피기	10분	올바른 제자의 모습 살펴보기	
4. 꼼지락 꼼지락	10분	어린이 사도 선서하기	

[이렇게 시작하세요]

우리 아이들이 좋아하고 바라는 선생님은 어떤 모습일까요? 아이들과 함께 좋아하는 선생님의 모습에 대해 나눠보세요. 웃기고 재미있는 선생님, 친절하신 선생님, 맛있는 걸 주시는 선생님, 공부를 잘 알려주시는 선생님 등 아이들에 따라 다양한 의견이 나올 것입니다.

오늘 말씀에서도 예수님을 따르는 제자들이 나옵니다. 그들은 예수님을 본받아 많은 것을 배웠고 예수님께서는 제자들에게 병든 사람과 귀신들린 사람을 고쳐줄 수 있는 능력을 주셨지요.

이 시간을 통하여 우리에게 먼저 본을 보이시고 우리가 올바른 길을 갈 수 있도록 도와주시는 예수님의 사랑을 전해주시길 바랍니다. 또한 예수님을 본받아 예수님을 닮아가는 어린이가 될 수 있도록 함께 기도로 준비해주세요.

1. 속닥속닥 "하나님, 있잖아요"

이 부분은 아이들이 말씀을 듣기 전, 하나님과 대화하는 시간입니다. 본격적인 성경이야기가 시작되기 전에 아이들이 하나님과 친밀한 시간을 가지고 자유롭게 생각하면서 하나님께 하고 싶은 이야기를 적을 수 있도록 도와주세요. 아이들이 써내려가는 이야기의 내용은 속상한 마음일 수도 있고 회개의 마음일 수도 있고 궁금한 마음일 수도 있습니다.

이 부분에서는 아이들이 적은 내용을 확인하기보다는 진솔한 이야기를 적을 수 있도록 독려해주시고 작성이 끝난 후에는 아래의 오늘 읽어주실 말씀을 읽어주시고 멘트를 한번 더 읽어주셔서 아이들의 마음 속에 '하나님은 나를 가장 잘 아시고 가장 많이 사랑하시는 분'이라는 사실을 느낄 수 있도록 해주세요. 이 시간을 통해 우리 아이들이 하나님의 깊고 넓은 사랑을 가득 느낄 수 있기를 소망합니다.

<오늘 읽어주실 말씀과 멘트>
보옵소서 내게 큰 고통을 더하신 것은 내게 평안을 주려 하심이라 주께서 내 영혼을 사랑하사 멸망의 구덩이에서 건지셨고 내 모든 죄를 주의 등 뒤에 던지셨나이다 (이사야 38장 17절)

"내게 큰 고통을 주신 것은 내가 평안 주려 하심이다. 주님께서 내 영혼을 사랑하셔서 멸망의 구덩이에서 건져주셨고, 주님께서 나의 모든 죄를 용서하셨다."

2. 성경이야기 들려주세요

예수님께서는 제자들을 직접 뽑으시고 그들에게 사도라고 이름을 붙여주셨어요. 열두 제자의 이름은 각각 베드로, 야고보(세베대의 아들), 요한, 안드레, 빌립, 바돌로매, 마태, 도마, 야고보(알패오의 아들), 다대오, 시몬, 가룟 유다였습니다. 예수님께서는 그들이 함께 있도록 하시며 또 그들을 내보내어서 말씀을 전파하게 하시고 귀신을 쫓아내는 능력을 가지게 하려 하셨어요. 그래서 예수님은 그들과 함께 다니시면서 하나님의 말씀을 전파하고, 귀신들린 사람에게 귀신을 내쫓고, 병든 사람의 병을 고치는 일들을 행하시고 제자들은 예수님과 함께하며 예수님의 일들을 보았습니다.

그 후에 예수님께서는 제자들을 파송하셨는데 먼저 그들에게 악한 귀신을 억누르는 권능을 주시고 둘씩 보내셨어요. 그러면서 예수님은 몇 가지 당부의 말씀을 하셨어요.

첫 번째는 '지팡이만 가지고 가라'는 것이었습니다. 이는 복음이 그들에게 필요한 것을 채워줄 것이기 때문이었어요.

두 번째는, '어디서든지 누구의 집에 들어가게 되면 그곳을 떠날 때까지 그곳에서 머물러 있으라'고 하셨습니다. 이것은 초대받은 집에 머물러 있으면서 그들에게 자비를 베풀라는 것이었어요.

그리고 세 번째는 '어느 곳에서든지 너희를 영접하지 않고, 너희 말을 듣지도 않는다면 거기서 나갈 때에 발에 묻은 먼지를 털어서 그들을 고발할 증거로 삼으라'고 하셨어요. 그렇게 되면 그 먼지가 그들에게 재앙으로 변하고 하나님께서 심판하시는 날에 하나님의 진노를 면치 못할 것이기 때문이에요.

제자들은 예수님의 당부를 들은 후 떠났고 귀신들린 사람에게서 귀신을 내쫓고, 병든 사람들의 병을 고쳤어요. 이것은 예수님께서 주신 권능으로 행한 것이었어요.

오늘 말씀처럼 우리도 예수님을 전하는 예수님의 제자가 되어요.

[확인하기] 아래 장면을 성경 이야기 들은 내용의 순서에 맞게 번호를 매겨 봅시다.

3. 말씀살피기

1. 오늘 말씀에서 예수님이 제자들에게 복음을 전할 때 가지고 가라고 하신 것은 무엇인지 동그라미를 쳐보세요.

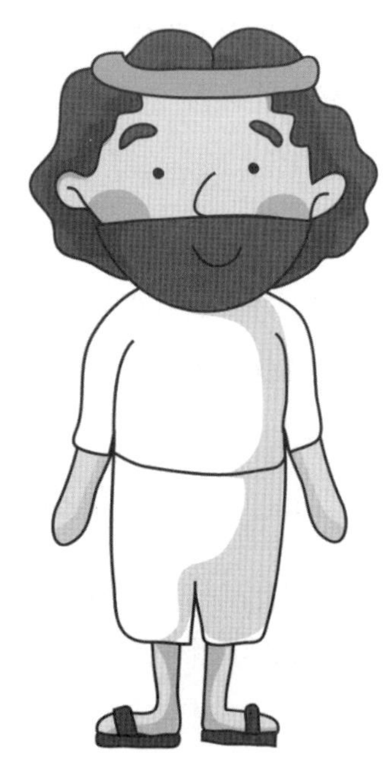

2. 우리들은 예수님의 작은 제자예요.
   아래의 찬양을 율동과 함께 불러보면서 다짐하는 시간을 가져보아요.

작은 제자

출처: 파이디온 어린이 CCM(All Star)

우리들은 예수님 작은 제자 예수님을 본받아서
하나님과 모든 사람 앞에 품위있고 우아하게
작은 입술 열 때마다 주의 향기 뿜어내고
작은 걸음 뗄 때마다 주의 모습 보여주리

[말씀살피기 가이드]

[1번 문제]

말씀 내용을 충분히 이해했다면 답을 잘 찾을 수 있지만, 그렇지 않을 경우에는 본문을 찾아보도록 지도해주세요. 예수님께서는 복음이 그들에게 필요한 것을 채워줄 것이기 때문에 지팡이만 가지고 가라고 하셨습니다.

[2번 문제]

예수님을 믿는 우리 아이들도 예수님의 제자입니다. 세상 속에 살지만 세상과 구별되어 세상에 빛과 소금의 역할을 감당하는 친구들이 되기를 소망합니다.
<작은제자>라는 찬양을 유튜브에 검색하시면 율동을 보실 수 있습니다. 함께 율동을 배우고 입술을 열어 찬양하면서 고백하는 시간이 되길 바랍니다.

[참고자료]

지팡이를 가져가라? 가져가지 말라?
'지팡이 외에는 아무것도 가져가지 말라.' 예수님께서는 제자들에게 최소한의 필요한 것들조차 가져가지 말라고 하셨습니다. 예수님께서 제자들을 파송하신 이 이야기는 마가복음뿐만 아니라, 마태복음과 누가복음에도 나와 있습니다.
그런데 한 가지 의문점은, 예수님이 제자들에게 지팡이는 가져가도록 허락하신 마가복음의 내용과는 달리 마태복음과 누가복음에는 지팡이조차 가져가지 말라고 나와 있습니다(마10:10;눅9:3).
이러한 사실을 가지고 학자들마다 견해가 다르긴 한데, 하나는 '마태복음과 누가복음의 지팡이는 싸울 때 쓰는 지팡이고, 마가복음의 지팡이는 여행할 때 도움이 되는 도구로써의 지팡이다' 라는 의견이고 다른 하나는, '어쨌든 세 복음에서 전달하고자 하는 의미는, 가져가는 지팡이 외에 하나를 더 가져가지 말라는 의미라는 것'입니다.
그런데 사실이 어떠하든지 우리가 주목해야 할 점은, '지팡이를 가져가라' 혹은 '가져가지 말라' 에 초점을 맞추기 보다는 '왜 여행자에게 갖추어야 할 최소한의 물건조차도 가져가지 말라고 하셨는가' 입니다. 아무것도 가지지 말라고 하신 이유는 제자들이 전적으로 하나님 나라를 전파하는 복음사역에서 은혜를 체험하게 하시기 위함이었습니다. 다른 것들에 의존하지 않고 오직 주님의 은혜로 모든 일들을 하기 위함인 것입니다. 이 사실만 정확히 알고 깨닫는다면, 지팡이를 가져가라고 하셨든, 가져가지 말라고 하셨든 그건 중요치 않습니다. 왜 가져가지 말라고 하셨는가를 제대로 알기만 해도 하나님의 은혜를 누릴 준비가 된 자들인 것입니다.

[꼼지락 꼼지락]

[선서합니다!]

예수님의 제자들처럼 우리 아이들이 예수님의 어린이 사도가 되기로 다짐하는 시간입니다. 단순히 선생님의 말씀에 따라 이름을 적고 끝나는 것이 아니라 어린이 사도란, 예수님을 닮아 예수님을 전하는 어린이임을 깨닫고 아이들이 스스로 결정하여 다짐하고 선서할 수 있도록 지도해주세요.

31. 꼼지락 꼼지락 [선서합니다!]

예수님의 제자들처럼 우리도 예수님을 전하는 멋진 예수님의 사도가 되어요.
사도 임명장에 이름을 적고 친구들과 함께 선서해보아요.

어린이 사도 임명장

이름 :

위 어린이는 예수님을 모르는 사람들에게
용기있게 복음을 전하는 사도로 임명되었습니다.
이에 임명장을 수여합니다.

년 월 일

교회 부

32과 예수님과 삭개오의 만남

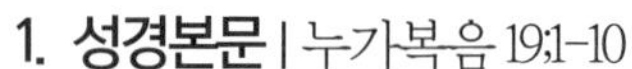

1. **성경본문** | 누가복음 19:1-10

2. **외울 말씀** | 인자가 온 것은 잃어버린 자를 찾아 구원하려 함이니라 (누가복음 19장 10절)

3. **리더들의 외침** | 삭개오처럼 예수님을 만나 변화되는 삶을 살아요!

4. **공과 주제** |
   1. 삭개오는 예수님을 보기 원했어요.
   2. 예수님이 삭개오를 만나주셨어요.
   3. 삭개오는 예수님을 만난 후 변화되었어요.
   4. 삭개오를 본받아 예수님 만나기를 기대하고 변화되어요!

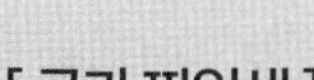

[공과 짜임새]

구분	시간	교사지침	준비물
1. 속닥속닥	10분	하나님과 대화하며 짧은쪽지 남기기	성경책 필기도구 라벨지 가위 풀
2. 성경이야기 들려주세요	10분	예수님께서 삭개오를 만나주신 배경을 통해 삭개오의 회심과 예수님의 구원 살펴보기	
3. 말씀살피기	10분	예수님을 만난 삭개오의 마음 생각해보기	
4. 꼼지락 꼼지락	10분	예수님과 함께하며 오리고 붙이기	

[이렇게 시작하세요]

지난 한주동안 우리 아이들이 지었던 죄는 무엇이었을까요? 동생이나 언니, 오빠와 싸웠던 것? 부모님 말씀을 듣지 않았던 것? 거짓말 했던 것? 우리 아이들이 아직 어리다고 할지라도 자신의 잘못된 행동이 무엇인지 알고 있을 것입니다. 아이들과 함께 이야기를 나누시면서 인도해주실 때 죄를 추궁하거나 정죄하지 않도록 신경 써주세요. 나눔의 목적은 죄의 제목이 무엇인가가 아니라 죄를 회개할 때 용서해주시는 예수님의 사랑입니다.

그렇기 때문에 우리가 지었던 죄에 대해 생각해보고 그 죄를 입술로 시인하고 회개할 때 용서해주시는 예수님의 사랑으로 나눔의 방향을 이끌어주시길 바랍니다.

오늘 말씀에서 죄인이었던 삭개오를 만나주신 예수님은 죄인을 만나주시고 변화되기를 원하십니다. 오늘 이 시간을 통해 삭개오가 예수님을 만나게 된 과정과 만나고 난 후에 변화된 삭개오의 모습을 발견함으로 진정한 회개의 의미와 예수님의 사랑에 대해 깨닫게 되기를 바랍니다.

1. 속닥속닥 "하나님, 있잖아요"

이 부분은 아이들이 말씀을 듣기 전, 하나님과 대화하는 시간입니다. 본격적인 성경이야기가 시작되기 전에 아이들이 하나님과 친밀한 시간을 가지고 자유롭게 생각하면서 하나님께 하고 싶은 이야기를 적을 수 있도록 도와주세요. 아이들이 써내려가는 이야기의 내용은 속상한 마음일 수도 있고 회개의 마음일 수도 있고 궁금한 마음일 수도 있습니다. 이 부분에서는 아이들이 적은 내용을 확인하기보다는 진솔한 이야기를 적을 수 있도록 독려해주시고 작성이 끝난 후에는 아래의 오늘 읽어주실 말씀을 읽어주시고 멘트를 한번 더 읽어주셔서 아이들의 마음 속에 '하나님은 나를 가장 잘 아시고 가장 많이 사랑하시는 분'이라는 사실을 느낄 수 있도록 해주세요. 이 시간을 통해 우리 아이들이 하나님의 깊고 넓은 사랑을 가득 느낄 수 있기를 소망합니다.

<오늘 읽어주실 말씀과 멘트>

사람아 주께서 선한 것이 무엇임을 네게 보이셨나니 여호와께서 네게 구하시는 것은 오직 정의를 행하며 인자를 사랑하며 겸손하게 네 하나님과 함께 행하는 것이 아니냐 (미가 6장 8절)

"너 사람아, 주께서 너에게 무엇이 선한 일인지를 보여주셨다. 주님께서 너에게 요구하시는 것은 오직 공의를 실천하며 인자를 사랑하며 겸손히 네 하나님과 함께 행하는 것이 아니냐!"

2. 성경이야기 들려주세요

예수님께서 여리고로 지나가실 때의 일이었어요. 그때 예수님은 너무 유명해져서 많은 사람들이 예수님을 보려고 모여 있었지요. 그중에는 삭개오라는 사람도 있었는데, 그는 세리장이면서 부자였어요. 삭개오는 예수님이 어떤 분인지 너무나 궁금해서 예수님을 보려고 애를 썼지만 키가 작아서 제대로 볼 수 없었습니다. 그러자 삭개오는 돌무화과 나무에 올라가서 예수님이 지나가시기를 기다렸어요.

그리고 예수님이 지나가실 때, 예수님께서는 나무 위에 있는 삭개오를 보시고 그에게 속히 내려와 그의 집으로 함께 가자고 하셨어요. 삭개오의 집에 머물겠다고 하신 것입니다. 삭개오는 그 말씀을 듣자마자 급히 내려와서 즐거워하며 예수님을 영접했어요.

그런데 그 모습을 본 많은 사람들이 수근거리기 시작했어요. 그 이유는 예수님이 죄인이라 불리는 사람의 집에 들어갔기 때문이에요. 삭개오는 세리장이었는데, 세리장은 세금을 거두어들이는 사람으로, 나쁜 방법으로 돈을 빼돌리기도 하고 세금을 더 많이 걷기도 하는 나쁜 일을 저지르기도 했어요. 그래서 사람들은 세리를 나쁘게 보고 그들을 죄인으로 여겼습니다.

하지만 예수님은 그렇게 하지 않으시고 오히려 삭개오의 집에 가서 그와 함께 하셨어요. 그랬더니 삭개오는 자신의 소유의 절반을 가난한 자들에게 나누어 주고, 만일 누구의 것을 속여 빼앗은 일이 있으면 네 배로 갚겠다고 약속했어요.

그러자 예수님께서는 삭개오에게 말씀하셨어요. "오늘 이 집에 구원이 찾아왔다. 이 사람도 아브라함의 자손이다. 인자는 잃어버린 사람을 찾아 구원하러 왔다."(쉬운성경 눅19:9-10)

[확인하기] 아래 장면을 성경 이야기 들은 내용의 순서에 맞게 번호를 매겨 봅시다.

3. 말씀살피기

1. 삭개오가 예수님을 만나기 위해
 무사히 나무를 내려갈 수 있도록 도와주세요.

2. 예수님을 향한 삭개오의 마음은 어떤 마음일까요? 아래의 상자에서 알맞은 것을
 찾아 색칠해보고 어떤 그림이 나타나는지 살펴보아요.

미워요	기뻐요	사랑해요	미워요	고마워요	찬양해요	싫어요
좋아요	나빠요	미워요	감사해요	싸워요	슬퍼요	사랑해요
고마워요	화나요	싫어요	짜증나요	화나요	미워요	행복해요
찬양해요	미워요	메롱	나빠요	미워요	싫어요	좋아요
화나요	감사해요	화나요	싫어요	싸워요	기뻐요	나빠요
싸워요	나빠요	기뻐요	힘들어요	좋아요	싸워요	화나요
질투해요	욕해요	미워요	행복해요	짜증나요	메롱	싫어요

[말씀살피기 가이드]

[1번 문제]

삭개오가 예수님을 보기 위해 나무 위에 올라가고, 그런 삭개오를 보시고 그의 집에 머물겠다고 하시는 예수님, 예수님과 삭개오의 애틋한 만남이 미로 찾기에서 고스란히 묻어날 수 있도록 누가복음 19장 5-6절 말씀을 찾아 읽은 후 미로찾기를 할 수 있도록 인도해주세요.

[2번 문제]

예수님을 만난 삭개오는 어떤 마음이었을지 함께 생각해본 후에 그와 관련된 단어를 찾아보도록 지도해주세요. 그리고 알맞은 단어들을 색칠해 나가다보면 하트모양이 그려지게 됩니다. 이 문제를 풀면서 우리 아이들도 돌무화과 나무에 올라간 삭개오처럼 예수님을 향한 마음을 직접 표현해보도록 인도해주셔도 좋습니다.

[참고자료] 아브라함의 자손

예수님께서는 변화 받은 삭개오에게 '아브라함의 자손'이라고 말씀하셨습니다.
곧 믿음으로 말미암아 세리들, 즉 이방인들까지도 아브라함의 축복을 받게 되는 것입니다.
삭개오는 아브라함의 자손으로 출생하였지만 세리였기에 이방인처럼 여겨져 왔습니다.
그 당시에 로마 정부는 세금을 관리하는 사람들에게 권한을 부여했기 때문에 정부에 얼마정도 세금만 바치면 세리가 자기 멋대로 금액을 정해서 많은 세금을 거두어도 가만히 보고만 있었습니다. 그래서 당시 세리들은 로마 정부가 요구하는 액수 이상의 세금을 거두어 자기 몫으로 착복하기 일쑤였고, 그 때문에 뭇 백성의 원성을 사기도 했습니다. 그러니 그런 세리들을 관리하는 세리장인 삭개오에게도 불만이 있었겠지요.
그런데 그런 삭개오가 이제는 진심으로 회개하여 변화되었으니 이전의 그릇된 행실은 당연히 청산해야 했습니다. 예수님은 믿음의 인정함을 받은 자들만을 아브라함의 자손이라고 했습니다. 그렇기 때문에 예수님께서 삭개오에게 아브라함의 자손이라 말씀하신 것은 삭개오가 진정한 회개를 통해 확실히 구원받았음을 의미하는 표현인 것입니다.
믿음으로 말미암은 자들은 믿음이 있는 아브라함과 함께 복을 받을 것입니다(갈3:7-9).
또한 그리스도의 것이면 곧 아브라함의 자손이며 약속대로 유업을 이을 자라고 하셨습니다(갈 3:29). 우리는 그리스도의 것이기에 아브라함의 자손이기도 합니다.

그러므로 그리스도인으로서 유업을 이어 반드시 하나님 나라가 임할 때 주님과 함께 있는 축복을 누리는 아브라함의 자손의 삶을 살아야 겠습니다.

[꼼지락 꼼지락]

[어떤 상황 속에서도 예수님과 꼭 붙어있기]

어느 때에든지 어떠한 상황이 생기더라도 예수님을 붙잡고 예수님과 함께하기를 다짐하며 재미있게 오리고 붙이는 활동자료입니다. 아이들이 오리고 붙일 때 선생님께서 "예수님과 함께해요!"와 같은 구호를 함께 외쳐보도록 인도해주셔도 좋습니다.

33과 예수님의 능력

1. **성경본문** | 마가복음 7:31-37

2. **외울 말씀** | 그의 귀가 열리고 혀가 맺힌 것이 곧 풀려 말이 분명하여졌더라 (마가복음 7장 35절)

3. **리더들의 외침** | 에바다! 에바다! 에바다!

4. **공과 주제** |
   1. 귀가 안 들리고 말 더듬는 자가 예수님께 나아왔어요.
   2. 예수님의 능력으로 고침을 받았어요.
   3. '에바다'는 '열리라'는 뜻이에요.

[공과 짜임새]

구분	시간	교사지침	준비물
1. 속닥속닥	10분	하나님과 대화하며 짧은쪽지 남기기	성경책 필기도구
2. 성경이야기 들려주세요	10분	귀가 안 들리고, 말 더듬는 자를 고치신 예수님의 방법과 '에바다'이해하기	
3. 말씀살피기	10분	주님만 의지하는 우리의 모습 점검하기	
4. 꼼지락 꼼지락	10분	순서정하고 번호쓰기	

[이렇게 시작하세요]

예수님의 능력은 얼마나 대단할까요?
물이 변해서 포도주가 될 수 있을까요? 죽은 사람이 살아날 수 있을까요? 거칠고 무서운 파도가 잠잠해질 수 있을까요? 아픈 사람이 나을 수 있을까요? 눈이 보이지 않던 사람이 볼 수 있을까요?
아이들에게 위의 질문을 나열해 주시면서 예수님에게 가능할 것 같은 일은 무엇인지 질문해보세요. 물론 예수님은 능치 못한 일이 없으신 분이시고 위의 질문은 예수님께서 모두 행하신 일들이지요. 아이들에게 질문해보시면서 혹시 불가능할 것 같다고 선택한 질문이 있다면 그렇게 생각한 이유는 무엇인지 들어보시면 좋습니다. 그 후에 예수님께서는 불가능을 가능하게 하시는 분이시라는 사실을 아이들에게 잘 전달해주시길 바랍니다.
오늘 말씀을 통해 우리 아이들이 예수님을 더욱 사랑하고 의지할 수 있기를 바랍니다.

1. 속닥속닥 "하나님, 있잖아요"

이 부분은 아이들이 말씀을 듣기 전, 하나님과 대화하는 시간입니다. 본격적인 성경이야기가 시작되기 전에 아이들이 하나님과 친밀한 시간을 가지고 자유롭게 생각하면서 하나님께 하고 싶은 이야기를 적을 수 있도록 도와주세요. 아이들이 써내려가는 이야기의 내용은 속상한 마음일 수도 있고 회개의 마음일 수도 있고 궁금한 마음일 수도 있습니다.
이 부분에서는 아이들이 적은 내용을 확인하기보다는 진솔한 이야기를 적을 수 있도록 독려해주시고 작성이 끝난 후에는 아래의 오늘 읽어주실 말씀을 읽어주시고 멘트를 한번 더 읽어주셔서 아이들의 마음 속에 '하나님은 나를 가장 잘 아시고 가장 많이 사랑하시는 분'이라는 사실을 느낄 수 있도록 해주세요. 이 시간을 통해 우리 아이들이 하나님의 깊고 넓은 사랑을 가득 느낄 수 있기를 소망합니다.

<오늘 읽어주실 말씀과 멘트>
유월절 전에 예수께서 자기가 세상을 떠나 아버지께로 돌아가실 때가 이른 줄 아시고 세상에 있는 자기 사람들을 사랑하시되 끝까지 사랑하시니라 (요한복음 13장 1절)

"유월절 전에 예수님께서는 자기가 이 세상을 떠나 아버지께로 가야 할 때가 이른 것을 아시고, 세상에 있는 자기의 사람들을 사랑하시되 끝까지 사랑하셨단다."

2. 성경이야기 들려주세요

어느 날, 예수님께서 갈릴리 호수로 다시 돌아오셨을 때 사람들이 귀가 안 들리고 말을 더듬는 자를 데려와 안수해 주시기를 원했어요.

예수님은 그 사람을 따로 데리고 나와 손가락을 그의 양 귀에 넣고 침을 뱉어 그의 혀에 손을 대시며 하늘을 우러러 보시고 한탄하시며 숨을 크게 쉬셨어요. 그리고 그 사람을 바라보시며 '에바다'라고 외치셨어요. 그러자 그때, 그의 귀가 열려 들을 수 있게 되고 굳어있던 혀가 풀려 더 이상 말을 더듬지 않고 말했어요. '에바다'라는 말은 '열리다'라는 뜻을 가지고 있는데 예수님은 귀가 안들리고 말을 더듬는 자를 향해 '열려라!' 라고 외치셨던 거예요. 예수님은 단지 손과 말씀만으로 사람을 고치셨고 뿐만 아니라 아무런 대가를 바라지 않으시고 고치셨어요.

또한, 예수님이 입고 계시는 옷에서도 능력이 나왔어요. 그래서 한 여인이 자신의 병이 낫기를 바라는 마음으로 예수님의 옷에 손을 대어 병이 낫게 되고 구원을 얻은 이야기가 성경에 기록되어 있지요(막5:25-34). 그 여인의 병은 피가 멈추지 않는 병이었는데, 병을 고치기 위해 많은 돈을 썼지만 낫기는커녕 오히려 더 심해졌고 많은 의사들도 고치지 못했어요. 그런 여인이 예수님의 옷에 손을 댄 즉시 나았어요.

그 여인은 예수님의 능력에 대해 잘 알고 있었고 예수님의 옷에 손만 대어도 나을 수 있다는 확신이 있었던 거예요. 그리고 예수님은 많은 사람들 틈에서 예수님의 옷자락을 만졌음에도 예수님의 능력이 나갔다는 것을 아셨어요. 그래서 예수님께서는 누가 옷을 만졌는지 물으셨고 여인이 모두 고백하자, 예수님은 여인에게 이렇게 말씀하셨습니다.

"딸아 네 믿음이 너를 구원하였으니 평안히 가라 네 병에서 놓여 건강할 지어다."(막5:34)

예수님을 믿음으로 나음을 입은 사람들처럼 우리도 예수님을 믿는 믿음으로 살아가는 친구들이 되길 바라요.

[확인하기] 아래 장면을 성경 이야기 들은 내용의 순서에 맞게 번호를 매겨 봅시다.

3. 말씀살피기

1. 다음의 그림을 보고 예수님께서 귀 먹고 말 더듬는 자에게 외치신 말은 무엇이었는지 아래의 그림에서 찾아 동그라미를 쳐보세요.

2. 나에게 무서운 일이 생겼을 때, 누구에게 도움을 요청할 건가요?
아래의 보기에서 골라 선을 그어보세요.

[말씀살피기 가이드]

[1번 문제]

예수님께서 귀가 안 들리고 말을 더듬는 자에 외치신 말씀이 무엇이었는지 생각해보도록 합니다. 그 후에 '에바다'의 뜻이 우리말로 어떤 것이었는지 한 번 더 설명해주시면 좋습니다. 이 질문을 통해 예수님의 놀라운 능력을 다시 한 번 확인하고 예수님에 대한 믿음과 확신이 더 견고해질 수 있도록 지도해주세요.

[2번 문제]

우리에게 어렵고 무서운 일이 생겼을 때, 예를 들면 몸이 아프거나 위험한 곳에 있거나 길을 찾지 못하거나 하는 일이 생겼을 때 누구를 의지하는지 알아보는 문제입니다.
뻔한 대답일 수 있지만 아이들의 마음 속에 의지하고 있는 분이 오직 예수님 한 분이기를 함께 기도하는 마음으로 문제를 풀어주시고 아이들이 다양한 대답을 내놓았다면 그 이유는 무엇인지 함께 나눠보도록 하시는 것이 좋습니다. 예수님 이외에 다른 캐릭터를 선택했다면 그 이유를 들어보고 영원한 구원은 오직 예수님뿐이라는 사실을 알려 주세요.

[참고자료] 혈루증[flow of blood, 血漏症]

혈루증은 성경에 간혹 나오는 질병으로, 구약과 신약에 모두 나옵니다. 혈루증은 중한 여성병으로 만성 자궁출혈의 질병입니다. 헬라어 '하이마'와 '레오'의 합성어로, 피의 유출이라는 뜻을 가지고 있습니다.
구약성경 레위기에 혈루증은 부정한 병으로 그 사람이 만지는 것은 모두 부정한 것으로 여겼습니다. 당시 유대인들은 의식적인 정결을 중시하였기 때문에 정상적인 월경도 부정한 것으로 취급되기도 했습니다.
오늘 말씀에 혈루증 여인은 하루이틀도 아니고 무려 12년 동안 이 병을 앓고 있었습니다.
누가복음 8장 43~44절에 "이에 열두 해를 혈루증으로 앓는 중에 아무에게도 고침을 받지 못하던 여자가 예수의 뒤로 와서 그 옷가에 손을 대니 혈루증이 즉시 그쳤더라"고 기록되어 있습니다. 이 여인은 많은 의원에게 많은 돈을 들여 고치려 했지만 재산만 허비했고, 오히려 질병은 더 심각한 지경에 이른 상태에서 주님을 만나게 되었습니다.
예수님의 옷자락만 만져도 고침받을 수 있다는 믿음이 그녀를 낫게 했습니다.

[꼼지락 꼼지락]

[순서정하기]

우리 아이들에게 두렵고 무서운 일이 생겼을 때 생각나는 사람들은 아이들이 가장 의지하고 믿는 사람들입니다. 그럴 때 누구에게 가장 먼저 털어놓을 것이고 그 외에 순서는 어떻게 정할 것인지 생각해보도록 하는 활동입니다.

물론 우리 아이들이 예수님을 가장 먼저 떠올리고 예수님을 의지한다면 좋겠지만 혹여 아이들이 부모님이나 친구들 , 선생님을 1번으로 정했다면 '옳다, 그르다'로 판단하지 마시고 아이들이 그렇게 정한 이유를 들어보시면서 아이들의 이야기에 공감해주신 후, 우리의 목자되신 예수님에 대해 소개해주시면 좋습니다.

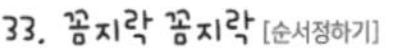
33. 꼼지락 꼼지락 [순서정하기]

두렵고 무서운 일이 있을 때, 우리는 가장 먼저 누구에게 털어 놓아야 할까요?
아래의 그림을 보며 순서를 정해보세요.
순서를 정한 이후, 왜 그렇게 순서를 정했는지 친구들에게 이야기 해봅시다.
순서는 다를 수 있지만, 어렵고 힘든 부분은 내곁에 있는 좋은 분과 의논해야 해요.

34과 바다가 잔잔해졌어요

1. **성경본문** | 마태복음 8:23-27

2. **외울 말씀** | 예수께서 이르시되 어찌하여 무서워하느냐 믿음이 작은 자들아 하시고 곧 일어나사 바람과 바다를 꾸짖으시니 아주 잔잔하게 되거늘 (마태복음 8장 26절)

3. **리더들의 외침** | 우리의 구원자 예수님이 우리를 지켜주신다.

4. **공과 주제** |
   1. 바람과 바다도 순종하게 만드시는 예수님
   2. 예수님 말씀의 놀라운 능력

[공과 짜임새]

구분	시간	교사지침	준비물
1. 속닥속닥	10분	하나님과 대화하며 짧은쪽지 남기기	성경책 필기도구 가위 풀
2. 성경이야기 들려주세요	10분	예수님의 말씀으로 거친 바다가 잔잔해진 사건 살펴보기	
3. 말씀살피기	10분	바다를 잔잔하게 하신 예수님 묵상하기	
4. 꼼지락 꼼지락	10분	부서진 배에 예수님 조각 붙이기	

[이렇게 시작하세요]

우리 아이들 중에 다른 친구들은 하지 못하는 나만의 개인기 혹은 특기가 있나요? 다른 친구들보다 몸이 유연하다거나 눈이 좋다거나 혹은 다른 특기가 있다면 자유롭게 발표해보도록 해주세요. 아마도 아이들은 아주 즐겁게 자신의 장기에 대해 이야기할 것입니다.
그런데 우리 아이들의 개인기나 장기는 특별한 것이지만 불가능한 일처럼 기적은 아닙니다. 각 사람의 특징이나 여러 환경에 의해서 특별하게 발달된 것이지요.
하지만 오늘 말씀에서 예수님이 나타내신 능력은 아주 놀라운 일입니다. 기적이지요. 그리고 예수님은 하나님이시기에 놀라운 능력을 나타내실 수 있는 것입니다. 오늘 예수님의 말씀으로 바람과 바다가 잔잔해진 이야기를 통해 예수님의 하나님 되심을 깨닫고 이를 통해 예수님을 온전히 알아가는 시간이 될 수 있도록 기도로 준비해주시길 바랍니다.

1. 속닥속닥 “하나님, 있잖아요”

이 부분은 아이들이 말씀을 듣기 전, 하나님과 대화하는 시간입니다. 본격적인 성경이야기가 시작되기 전에 아이들이 하나님과 친밀한 시간을 가지고 자유롭게 생각하면서 하나님께 하고 싶은 이야기를 적을 수 있도록 도와주세요. 아이들이 써내려가는 이야기의 내용은 속상한 마음일 수도 있고 회개의 마음일 수도 있고 궁금한 마음일 수도 있습니다.
이 부분에서는 아이들이 적은 내용을 확인하기보다는 진솔한 이야기를 적을 수 있도록 독려해주시고 작성이 끝난 후에는 아래의 오늘 읽어주실 말씀을 읽어주시고 멘트를 한번 더 읽어주셔서 아이들의 마음 속에 ‘하나님은 나를 가장 잘 아시고 가장 많이 사랑하시는 분’이라는 사실을 느낄 수 있도록 해주세요. 이 시간을 통해 우리 아이들이 하나님의 깊고 넓은 사랑을 가득 느낄 수 있기를 소망합니다.

<오늘 읽어주실 말씀과 멘트>
예수께서 대답하여 이르시되 사람이 나를 사랑하면 내 말을 지키리니 내 아버지께서 그를 사랑하실 것이요 우리가 그에게 가서 거처를 그와 함께 하리라 (요한복음 14장 23절)

“예수께서 대답하셨다. 나를 사랑하는 사람은 내 말을 지킬 것이니 그리하면 내 아버지께서 그 사람을 사랑하실 것이고 내 아버지와 나는 그 사람에게 가서 그와 함께 살 것이다.”

2. 성경이야기 들려주세요

예수님께서 제자들과 함께 배를 타고 가실 때였어요.

그때, 예수님과 제자들이 배 위에서 어마어마하게 큰 풍랑을 만나게 되었습니다. 그리고 큰 물결이 일어나서 배가 덮이게 되었어요. 하지만 예수님께서는 이런 무서운 상황에서도 주무시고 계셨습니다. 반면에 제자들은 너무 두려워서 어떻게 해야 할지 몰라, 주무시는 예수님을 깨우면서 이렇게 말했어요.

"예수님, 일어나보세요! 우리를 구원해주세요! 큰 풍랑이 일어나서 위험합니다."

그러자 예수님께서 제자들에게 말씀하셨어요.

"어찌하여 무서워하느냐, 믿음이 작은 자들아."

예수님은 풍랑을 보고 놀라 소란을 피운 제자들에게 믿음이 작다고 하셨어요. 그것은 예수님이 함께 계시는데도 무서워서 소란을 피운 제자들의 모습을 보시고 꾸중을 하신 것이었지요. 그리고 예수님은 곧 일어나셔서 바람과 바다를 꾸짖으셨습니다. 그랬더니 바다가 언제 그랬냐는 듯이 아주 잔잔하게 되었어요.

오늘 말씀에서 예수님의 말씀만으로 바다가 잔잔해졌어요. 이처럼 우리도 예수님께 놀라운 능력이 있음을 알고 능력의 예수님을 믿고 따르는 어린이가 되어요.

[확인하기] 아래 장면을 성경 이야기 들은 내용의 순서에 맞게 번호를 매겨 봅시다.

3. 말씀살피기

1. 다음의 그림을 보고, 말씀의 내용을 틀리게 설명한 친구는 누구인지 맞혀보세요.

① 믿음: 마태복음 8장 23-27절 말씀의 그림이에요.

② 체리: 파도가 너무 거칠어서 예수님과 제자들이 타고 있던 배가 뒤집혔어요.

③ 수지: 제자들은 주무시는 예수님께 도움을 구했어요.

④ 연지: 예수님의 말씀에는 놀라운 능력이 있어요.

2. 우리의 부정적인 말을 어떻게 믿음의 말로 바꿀 수 있을까요?
아래의 칸에 부정적인 말을 믿음의 말로 바꿔보세요.

[말씀살피기 가이드]

[1번 문제]
본문 말씀의 내용과 주제를 정확하게 알고 있는지 파악하는 문제입니다. 문제를 푼 후에 추가로 제시된 그림이 어떤 상황의 그림인지 맞혀보는 것도 재밌는 문제가 될 것입니다. 중요한 것은 예수님의 말씀에 능력이 있다는 것입니다.

[2번 문제]
우린 할 수 없지만 예수님이 도와주시면 할 수 있습니다. 우리 아이들이 생활하면서 한 번쯤 느껴보았을 부정적인 생각과 말을 믿음의 말로 바꿔보면서 주님을 더욱 의지하고 붙잡는 믿음의 사람이 될 수 있도록 기도로 중보해주세요.

[참고자료]

예수님은 천국의 복음을 전하시고 제자를 양육하셨지만, 하나님으로서 많은 이적과 표적을 행하셨습니다. 예수님께서 행하신 치유와 이적의 사건들을 성경대로 정리해보았습니다.

복음서에 기록된 예수님이 자연에 행하신 이적들
물로 포도주를 만드심(요2:1-11), 오천명을 먹이심(마14:15-21, 막6:35-44, 눅9:12-17, 요6:5-15), 폭풍을 잔잔케 하심(마8:23-27, 막4:35-41, 눅 8:22-25), 바다 위를 걸으심(마14:22-33, 막6:45-52, 요6:16-21), 물고기의 입에서 세금 낼 동전을 얻게 하심(마17:24-27), 사천 명을 먹이심(마15:32-39, 막8:1-9), 무화과 나무가 마름(마21:17-22, 막11:12-14, 20-25), 첫 번째 이적인 물고기 포획(눅5:1-11), 두 번째 이적인 물고기 포획(요21:1-14)

복음서에 기록된 병 고치신 이적들
가나에서 왕의 신하의 아들을 고치심(요4:46-54), 벳세다에서 소경이 눈을 뜸(막8:22-26), 나면서부터 소경된 자를 고치심(요9:1-41), 나사로를 살리심(요11:1-45), 귀신들린 자를 고치심(마8:28-34, 막5:1-20, 눅8:26-39), 야이로의 딸을 살리심(마9:18-26, 막5:22-24, 35-43, 눅8:41-42;49-56), 38년 된 병자를 고치심(요5:1-18), 열두 해된 혈루증 걸린 여인을 고치심(마9:20-22, 막5:25-34, 눅8:43-48), 가버나움에서 중풍병자를 고치심(마9:1-8, 막2:1-12, 눅5:17-26), 게네사렛 가까운 곳에서 문둥병자를 고치심(마8:1-4, 막1:40-45, 눅5:12-15), 베드로의 장모를 고치심(마8:14-17, 막1:29-31, 눅4:38-39), 손 마른 자를 고치심(마12:9-14, 막3:1-6, 눅6:6-11), 귀신들려 간질하는 아이 고치심(마17:14-20, 막9:14-29, 눅9:37-43), 귀신들려 눈 멀고 벙어리된 자를 고치심(마9:27-31, 눅11:14), 두 소경을 고치심(마9:27-31), 귀신들려 벙어리된 자를 고치심(마9:32-34), 귀 먹고 어눌한 자를 고치심(막7:31-37), 소경 바디매오를 고치심(막20:29-34, 막10:46-52, 눅18:35-43), 수로보니게 여인의 딸을 고치심(마15:21-28, 막7:24-30), 백부장의 하인을 고치심(마8:5-13, 눅7:1-10), 회당에서 귀신들린 자를 고치심(마1:23-27, 눅4:33-36), 나인성 과부의 아들을 살리심(눅7:11-16), 18년 동안 귀신들린 여인을 고치심(눅13:10-17), 고창병 든 남자를 고치심(눅14:1-6), 10명의 문둥병자를 고치심(눅17:11-19), 말고의 귀를 고치심(눅22:49-51, 요18:10-11)

예수님께서는 어떻게 폭풍 가운데서 주무실 수 있을까?

예수 그리스도는 큰 놀 가운데서 주무셨습니다. 이것은 폭풍 속에서의 요나처럼 위험을 깨닫지 못한 방심의 잠이 아니라 거룩한 평온의 잠이며 하나님 아버지를 의지하는 믿음의 잠이었습니다. 본문의 예수님께서는 제자들을 꾸짖으셨습니다. "어찌하여 두려워하느냐 믿음이 작은 자들아"(26절) 예수님은 제자들이 두려움으로 불안해하는 것을 꾸짖으셨습니다. 그리고 바람과 바다를 꾸짖으셨습니다. 그러자 언제 그랬냐는 듯 바다는 아주 잔잔해졌습니다. 일반적으로 폭풍이 그친 후에는 물이 잔잔해질 때까지 오랜 시간이 걸리지만 예수님께서 말씀하시면 폭풍 뿐만 아니라 폭풍의 모든 여파와 잔재도 그칩니다.

우리 삶 속에서의 커다란 의심과 두려움의 폭풍도 하나님의 보호하심 가운데 예수님과 함께한다면, 두려움에 떠는 것이 아니라 예수님처럼 믿음과 평온의 잠을 잘 수 있을 것입니다.

[꼼지락 꼼지락]

[예수님과 함께하면 할 수 있어요]

우리의 인생에 거친 바람과 파도와 같은 무섭고 힘든 일이 생겨도 예수님과 함께라면 이겨낼 수 있습니다. 부서진 배에 예수님이라는 배 조각을 붙여보면서 오늘의 말씀을 잘 이해하게 되기를 바랍니다.

35과 오병이어의 기적

1. **성경본문** | 누가복음 9:12-17

2. **외울 말씀** | 예수께서 떡 다섯 개와 물고기 두 마리를 가지사 하늘을 우러러 축사하시고 떼어 제자들에게 주어 무리 앞에 놓게 하시니 먹고 다 배불렀더라 그 남은 조각 열 두 바구니를 거두니라 (누가복음 9장 16-17절)

3. **리더들의 외침** | 예수님의 능력을 믿는 믿음의 어린이가 되자!

4. **공과 주제** |
   1. 떡 다섯 개와 물고기 두 마리의 기적
   2. 불가능을 가능으로 바꾸실 예수님을 신뢰해요.

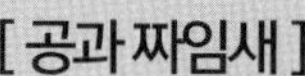

[공과 짜임새]

구분	시간	교사지침	준비물
1. 속닥속닥	10분	하나님과 대화하며 짧은쪽지 남기기	성경책 필기도구 가위 풀
2. 성경이야기 들려주세요	10분	오병이어의 기적 이야기 들려주기	
3. 말씀살피기	10분	예수님의 능력을 믿는 믿음을 위해 함께 기도하기	
4. 꼼지락 꼼지락	10분	예수님께 믿음으로 드리기	

[이렇게 시작하세요]

친구들과 함께 있을 때, 과자가 조금 밖에 없다면 우리 아이들은 어떻게 행동할까요?
아이들의 대답을 들어보세요. 과자가 조금이지만 친구들과 함께 나누어 먹는 친구도 있을 것이고 친구가 먹기 전에 내가 먼저 먹는 친구도 있겠죠. 아니면 과자를 좀 더 얻거나 사와서 함께 배부르게 먹는 친구도 있을 수 있겠습니다.
나눔을 통해 다양한 생각을 들어보신 후에 오병이어의 기적을 베푸신 예수님에 대해 이야기해주세요. 아이들은 신기하게 느낄 것입니다.
오늘 말씀을 통하여 우리 아이들이 예수님의 놀라운 기적을 체험하고 이를 통하여 기적 뿐만 아니라 우리가 어떠할 때에 예수님께서 기적을 베푸시는지 배움으로 단순히 기적에만 초점이 맞춰지는 것이 아니라 불가능한 상황에서도 예수님께 믿음을 드리고 믿음의 눈으로 바라보는 아이들이 될 수 있도록 도와주시길 바랍니다.

1. 속닥속닥 "하나님, 있잖아요"

이 부분은 아이들이 말씀을 듣기 전, 하나님과 대화하는 시간입니다. 본격적인 성경이야기가 시작되기 전에 아이들이 하나님과 친밀한 시간을 가지고 자유롭게 생각하면서 하나님께 하고 싶은 이야기를 적을 수 있도록 도와주세요. 아이들이 써내려가는 이야기의 내용은 속상한 마음일 수도 있고 회개의 마음일 수도 있고 궁금한 마음일 수도 있습니다.
이 부분에서는 아이들이 적은 내용을 확인하기보다는 진솔한 이야기를 적을 수 있도록 독려해주시고 작성이 끝난 후에는 아래의 오늘 읽어주실 말씀을 읽어주시고 멘트를 한번 더 읽어주셔서 아이들의 마음 속에 '하나님은 나를 가장 잘 아시고 가장 많이 사랑하시는 분'이라는 사실을 느낄 수 있도록 해주세요. 이 시간을 통해 우리 아이들이 하나님의 깊고 넓은 사랑을 가득 느낄 수 있기를 소망합니다.

<오늘 읽어주실 말씀과 멘트>
이는 너희가 나를 사랑하고 또 내가 하나님께로부터 온 줄 믿었으므로 아버지께서 친히 너희를 사랑하심이라 (요한복음 16장 27절)

"너희가 나를 사랑하였고, 또 내가 하나님께로부터 온 것을 믿었기 때문에 아버지께서는 친히 너희를 사랑하신다."

2. 성경이야기 들려주세요

어느 날, 예수님이 제자들과 함께 벳새다라는 곳으로 가셨을 때였어요. 많은 사람들은 예수님을 따라왔고 예수님은 사람들에게 하나님 나라의 일을 전하며 병든 사람들을 고쳐주셨습니다.

그리고 날이 저물어갈 때쯤, 제자들이 예수님께 말했어요.

"이곳은 빈 들이라 먹을 게 아무것도 없으니 마을로 가서 머물면서 음식을 얻는 것이 좋을 것 같습니다."

그러나 예수님은 제자들에게 먹을 것을 직접 주라고 말씀하셨어요. 하지만 제자들은 그렇게 할 수 없었습니다. 왜냐하면 제자들에게는 떡 다섯 개와 물고기 두 마리 밖에 없었고 그곳에는 정말 많은 사람들이 있었기 때문이에요. 여자와 어린이 외에 남자들만 오천 명 정도가 있었다고 합니다(마14:21).

그러니 제자들은 떡 다섯 개와 물고기 두 마리를 모두에게 줄 수 없다고 했던 거예요. 그런데 그 이야기를 들으신 예수님은 제자들에게 사람들을 50명씩 무리지어서 앉히라고 하셨어요. 그리고 그후에 놀라운 능력이 나타났습니다.

예수님께서 떡 다섯 개와 물고기 두 마리를 가지고 하늘을 우러러 축사하심으로 하나님께 감사기도를 드리신 후, 떡과 물고기를 제자들에게 떼어주며 거기 있는 사람들에게 나누어주도록 하셨는데 그곳에 있던 사람들 모두가 배부르게 먹고도 남아서 남은 조각을 열두 바구니에 거두어 담았습니다.

바로 예수님께서 축사하심으로 놀라운 능력이 나타난 것이에요. 이 사건을 우리는 '오병이어의 기적'이라고 말해요.

내 생각에는 불가능할 것 같은 일들도 예수님을 믿을 때, 그것이 가능으로 바뀔 수 있습니다. 우리가 생각하는 것에는 한계가 있지만 예수님의 생각은 한계를 뛰어넘는 능력이 있어요. 우리 모두 예수님을 믿고 따르는 주의 어린이가 되었으면 좋겠습니다.

[확인하기] 아래 장면을 성경 이야기 들은 내용의 순서에 맞게 번호를 매겨 봅시다.

3. 말씀살피기

1. 아래의 보기상자에서 오늘 말씀과 관련 있는 단어를 찾아보세요.

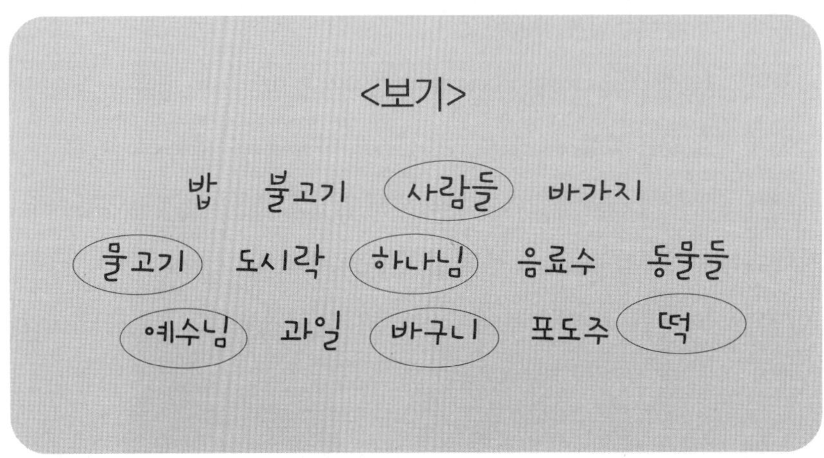

2. 나에게 일어났으면 하는 기적은 무엇인가요?
아래에 적어보고 함께 믿음으로 기도해보아요.

나에게 일어났으면 하는 기적은?

[말씀살피기 가이드]

[1번 문제]

본문에서 예수님은 떡 다섯 개와 물고기 두 마리를 가지고 축사하셔서 오천 명이 넘는 사람들이 배불리 먹고도 열두 바구니가 남았습니다. 이처럼 이 사건에는 얼마나 적은 양을 가지고 얼마나 많은 사람들이 먹고도 남았느냐가 중요한 사건입니다. 예수님의 능력으로 그런 사건이 일어났기 때문입니다.

[2번 문제]

아이들이 원하는 기적은 무엇일까요? 충분한 시간을 주시고 진지하게 생각해보며 적을 수 있도록 해주세요. 그리고 아이들이 적은 것들을 함께 나누며 왜 그런 기적이 일어났으면 하는지도 나눠보면서 서로를 위해 기도하는 시간을 가져봅시다.

[참고자료]

오병이어 사건

오병이어 사건은 예수님의 부활과 더불어 사복음서에 모두 기록된 말씀입니다.

마태복음(14: 14~21), 마가복음 (6:35~44), 누가복음 (9:12~17), 요한복음(6:5~14) 등에 기록하고 있습니다.

이 기적의 의미는 예수가 생명의 떡이 되신다는 사실을 보여준 사건이고 (요한복음 6:35), 예수님의 메시야 되심을 증거하는 기적이며, 긍휼과 사랑이 넘치는 능력의 하나님이심을 보여주는 사건입니다.

이밖에도 물로 포도주를 만드신 첫 번째 기적을 시작으로(요한복음 2:1~11) 복음서에 35회에 이르는 기적을 기록하고 있습니다.

서로 대접하기를 원망 없이 할 것

예수님은 아낌없이 주시는 관대한 분입니다. 그의 제자들은 '무리를 보내어 먹을 것을 얻게 하소서' 라고 말했지만 그리스도는 "아니다. 너희가 그들에게 먹을 것을 주어라. 우리가 가지고 있는 것을 줄 수 있는 데까지 주어서 그들이 자유로이 먹도록 하여라."고 말씀하셨습니다. 그렇게 하심으로써 사역자들과 그리스도인들에게 서로 대접하기를 원망 없이 할 것을 가르치셨습니다.

'적게 가진 자들은 적은 것으로 할 수 있는 일을 하자.' 이것이 바로 예수님의 방법입니다. 예수 그리스도는 병든 자를 치유하실 뿐 아니라 음식이 필요한 자에게 음식도 주시는 분입니다. 우리의 영과 육이 예수님으로 배부를 수 있도록 해주시는 능력의 예수님입니다.

[꼼지락 꼼지락]

[믿음으로 드려요]

누군가가 드린 떡 다섯 개와 물고기 두 마리처럼 우리 아이들도 믿음으로 예수님께 드리고 싶은 것은 골라 오리고 붙이는 활동입니다. 제시된 물건들 외에도 아이들 나름대로 드리고 싶은 것이 있다면 직접 그려보도록 해주시면 좋습니다.

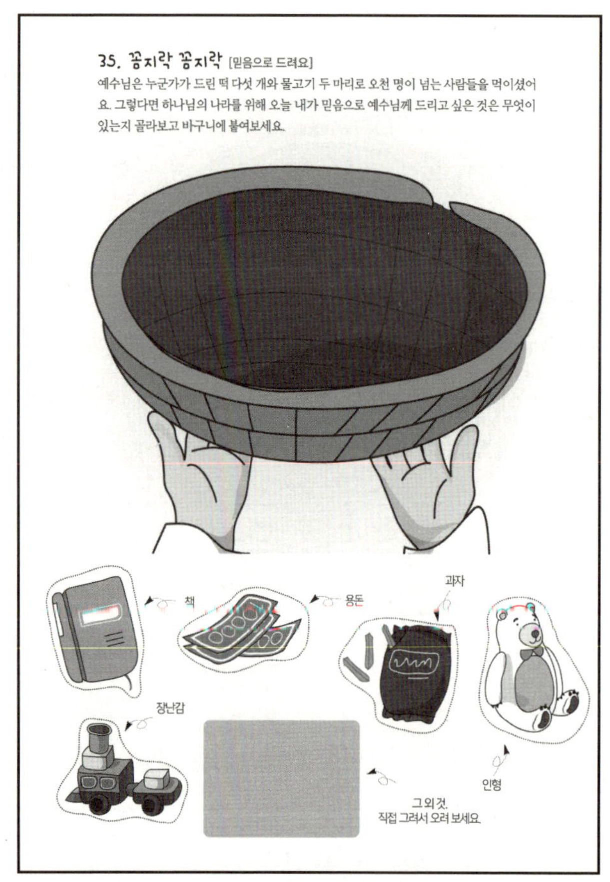

35. 꼼지락 꼼지락 [믿음으로 드려요]

예수님은 누군가가 드린 떡 다섯 개와 물고기 두 마리로 오천 명이 넘는 사람들을 먹이셨어요. 그렇다면 하나님의 나라를 위해 오늘 내가 믿음으로 예수님께 드리고 싶은 것은 무엇이 있는지 골라보고 바구니에 붙여보세요.

36과 구원

1. **성경본문** | 요한복음 3:16-17

2. **외울 말씀** | 하나님이 세상을 이처럼 사랑하사 독생자를 주셨으니 이는 그를 믿는 자마다 멸망하지 않고 영생을 얻게 하려 하심이라 (요한복음 3장 16절)

3. **리더들의 외침** | 우리의 구원자 예수님을 믿어요!

4. **공과 주제** |
   1. 하나님이 세상을 사랑하셔서 독생자를 보내주셨어요.
   2. 우리의 구원자 예수님을 믿어요.
   3. 우리를 사랑하시는 하나님을 사랑해요.

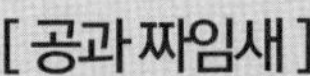

[공과 짜임새]

구분	시간	교사지침	준비물
1. 속닥속닥	10분	하나님과 대화하며 짧은쪽지 남기기	성경책 필기도구 색연필
2. 성경이야기 들려주세요	10분	독생자 예수님을 보내신 하나님에 대해 알기	
3. 말씀살피기	10분	예수님의 희생에 감사하는 마음 갖기	
4. 꼼지락 꼼지락	10분	예수님께 감사의 마음 표현하며 십자가 완성하기	

[이렇게 시작하세요]

희생이란 다른 사람이나 어떤 목적을 위해서 자신의 목숨, 돈 등을 버리는 것이라고 합니다. 그렇다면 우리 아이들은 누구를 위해 희생할 수 있을까요? 또한 희생할 수 있는 일은 무엇일까요? 아이들이 처음 생각하는데 어려울 수 있으니 먼저 예를 들어 설명해주신 후 생각해보도록 해주세요. 희생할 수 있는 사람은 사랑하는 가족이나 친구, 언니나 동생 같은 형제, 자매가 될 수 있겠지요. 또한 희생할 수 있는 일에는 간식을 포기하거나 갖고 싶은 장난감을 포기하는 것, 화가 나는 마음을 참는 것 등일 수 있습니다.

아이들 각자 충분히 생각해보도록 하신 후 오늘 말씀에서 배울 예수님의 희생에 대해 간단히 말씀해주세요. 하나님은 사랑의 하나님이신데 우리가 태어나기 전부터 우리를 사랑하셨고 우리를 위해 예수님을 이 땅에 보내주셨지요. 그리고 예수님의 십자가 희생으로 인해 죄인이었던 우리는 구원을 받을 수 있게 되었습니다. 오늘 이 시간은 복음의 핵심을 배우는 시간입니다. 이 시간을 통해 우리 아이들이 복음이 무엇인지 올바르게 이해하는 시간이 되기를 소망합니다.

1. 속닥속닥 "하나님, 있잖아요"

이 부분은 아이들이 말씀을 듣기 전, 하나님과 대화하는 시간입니다. 본격적인 성경이야기가 시작되기 전에 아이들이 하나님과 친밀한 시간을 가지고 자유롭게 생각하면서 하나님께 하고 싶은 이야기를 적을 수 있도록 도와주세요. 아이들이 써내려가는 이야기의 내용은 속상한 마음일 수도 있고 회개의 마음일 수도 있고 궁금한 마음일 수도 있습니다.

이 부분에서는 아이들이 적은 내용을 확인하기보다는 진솔한 이야기를 적을 수 있도록 독려해주시고 작성이 끝난 후에는 아래의 오늘 읽어주실 말씀을 읽어주시고 멘트를 한번 더 읽어주셔서 아이들의 마음 속에 '하나님은 나를 가장 잘 아시고 가장 많이 사랑하시는 분'이라는 사실을 느낄 수 있도록 해주세요. 이 시간을 통해 우리 아이들이 하나님의 깊고 넓은 사랑을 가득 느낄 수 있기를 소망합니다.

<오늘 읽어주실 말씀과 멘트>

곧 내가 그들 안에 있고 아버지께서 내 안에 계시어 그들로 온전함을 이루어 하나가 되게 하려 함은 아버지께서 나를 보내신 것과 또 나를 사랑하심 같이 그들도 사랑하신 것을 세상으로 알게 하려 함이로소이다 (요한복음 17장 23절)

"내가 그들 안에 있고 아버지께서 내 안에 계셔서 그들이 완전히 하나가 되게 하려는 것은 아버지께서 나를 보내셨다는 것과 아버지께서 나를 사랑하신 것과 같이 그들도 사랑하셨다는 것을 세상이 알게 하려는 것이란다."

2. 성경이야기 들려주세요

하나님께서는 이 세상을 너무 사랑하셔서 예수님을 이 세상에 보내셨어요. 그리고 예수님을 통해 우리가 영생을 얻도록 하셨습니다. 그렇다면 영생은 무엇일까요? 바로 '영원한 생명'입니다. 영원히 사는 것이 가능한 일일까요? 성경 말씀에는 이렇게 기록되어 있습니다.

"그를 믿는 자마다 멸망하지 않고 영생을 얻게 하려 하심이니라"(16절)

우리가 멸망하지 않고 영생을 얻으려면 예수님을 믿어야 한다고 하셨어요. 우리가 예수님을 믿고 영생을 얻으면 영원한 생명이 있다고 하는데, 그렇다면 우리는 어디에서 어떻게 영원히 살게 되는 것일까요? 바로 하나님 나라, 천국에서 살게 되는 것입니다. 그리고 우리를 사랑하시고 또 우리가 사랑하는 하나님과 예수님과 영원히 살게 돼요.

하나님은 이 세상이 구원 받기를 원하세요. 그래서 예수님을 이 세상에 보내실 때 세상을 심판하려고 보내신 것이 아니라, 이 세상과 모든 민족이 구원을 얻게 하기 위하여 보내셨어요. 우리를 너무도 사랑하셔서 우리에게 이런 은혜를 주신 것입니다.

이 세상에 오신 예수님은 아무 죄도 없으셨지만 멸시와 조롱을 받으신 후에 십자가에 못 박혀 돌아가심으로 우리를 위해 희생하셨어요. 그렇기 때문에 우리는 예수님의 희생을 기억하고 그 사랑에 감사하며 우리도 하나님을 사랑해요. 또한 예수님의 희생으로 우리가 구원을 받을 수 있다는 믿음을 늘 간직하길 바랍니다.

[확인하기] 아래 장면을 성경 이야기 들은 내용의 순서에 맞게 번호를 매겨 봅시다.

3. 말씀살피기

1. 다음의 가로세로 퍼즐을 풀어보세요.

		1) 하		
		2) 나	사	렛
1) 예	2) 수	님		
	박		3) 영	
		3) 선	생	님

<가로>

1) 이 세상을 구원하기 위해 이 땅에 오신 분은 누구인가요?
2) 예수님께서 태어나신, 예수님의 고향은 어디인가요?
3) 학생들을 가르치는 사람

<세로>

1) 우리를 사랑하셔서 독생자를 이 세상에 보내신 분은 누구인가요?
2) 주로 여름에 먹는 과일
3) 예수님을 믿음으로 얻게 되는 것은?

2. 우리는 예수님을 통해 구원받을 수 있게 되었어요. ___ 안에 들어갈 단어는 무엇인지 아래의 상자에서 찾아 동그라미 쳐보세요.

예수님께서 우리 죄를 대신하여 고난 당하심으로 죄가 사해졌습니다.
이제는 누구든지 예수님을 믿으면 구원을 받을 수 있습니다.

[말씀살피기 가이드]

[1번 문제]

퍼즐문제를 품으로써 오늘 말씀의 핵심을 한 번 더 깨달을 수 있는 문제입니다. 누구나 풀 수 있는 쉬운 문제를 같이 풀 수 있도록 하였습니다. 친구들과 상의하여 풀어도 좋습니다.

[2번 문제]

오늘 배운 말씀처럼 예수님의 희생으로 인해 죄인이었던 우리가 의인이라 칭함을 받게 되었고 구원받게 되었습니다. 그래서 누구든지 예수님을 믿고 주인으로 받아들이면 구원받을 수 있습니다(요3:16). 아이들이 단순히 문제를 푸는 것에만 집중하게 하지 마시고 십자가의 고난의 온전한 의미를 알려주세요. 또한 예수님께서 고난 당하신 이유에 대해서도 함께 설명해주시면서 아이들이 올바른 신앙을 가질 수 있도록 도와주시길 바랍니다.

[참고자료]

세상을 사랑하신 하나님은 독생자 예수님을 통해 세상을 구원하고자 하셨다

하나님께서는 풍성하게 세상을 사랑하셨습니다.

유대인들은 메시아는 오직 자기들의 나라만을 사랑하셔서 오신다는 헛되고 이기적인 생각을 갖고 살았습니다. 그러나 예수 그리스도께서는 그런 선민의식에 빠져있는 유대인들에게 당신은 유대인뿐아니라, 온 세상을 사랑하셔서 온 세상의 죄인을 위해 오셨다고 기록하고 있습니다. 예수 그리스도를 통하여 모든 자에게 생명과 구원이 보편적으로 주어지게 된 것입니다.

그를 믿는 자는 영원히 멸망치 않고 영생을 얻으리라는 확고한 제안과 함께 그 아들을 보내실 정도로 하나님께서는 세상을 대단히 사랑하셨습니다.

이제까지 구원은 이스라엘에만 국한되었으나, 이제는 이 지구 끝까지 그리스도께서 구원으로서 알려지게 되었습니다. 세상에 아들을 보내신 하나님의 계획이 있으니, 그 계획은 곧 그를 통하여 세상을 구원하시고자 함이었습니다. 그리스도께서는 심판을 위해 오신 것이 아니라, 구원을 위해 이 땅에 오신 것입니다.

[꼼지락 꼼지락]

[구원의 십자가 완성하기]

우리가 구원받고 천국에 갈 수 있는 방법은 오직 예수님 뿐입니다. 예수님이 나의 죄를 지시고 십자가에 못 박혀 죽으시고 다시 살아나심으로 죄인인 우리가 예수님으로 인해 의인으로 칭함 받게 됩니다. 나를 구원하신 예수님께 감사의 고백을 적어보고 하얗게 비어있는 십자가에 자기 나름대로의 감사한 부분이나 자신의 변화된 내용을 적어보게 합니다. 생각이 나지 않으면 감사, 사랑, 기쁨, 소망, 천국 등등을 중복되게 채워도 됩니다. 빈칸을 적어본 후 색으로 채워보면서 예수님에 대한 감사의 마음을 표현해보도록 합니다.

그러나 여기서 주의하셔야 할 것은 혹여 우리 아이들이 예수님께 감사의 마음을 가지거나 감사의 고백을 드림으로 구원을 얻을 수 있다고 생각하지 않도록, 반드시 우리가 구원을 얻을 수 있는 방법에 대해 설명해주셔야 합니다.

37과 당신의 이웃은 누구입니까?

1. **성경본문** | 누가복음 10:25-37

2. **외울 말씀** | 네 마음을 다하며 목숨을 다하며 힘을 다하며 뜻을 다하여 주 너의 하나님을 사랑하고 또한 네 이웃을 네 자신 같이 사랑하라 (누가복음 10장 27절)

3. **리더들의 외침** | 하나님 사랑! 이웃 사랑!

4. **공과 주제** |
   1. 사마리아인처럼 이웃을 사랑해요.
   2. 마음을 다하여 하나님을 사랑하고 내 이웃을 자신과 같이 사랑해요.

[공과 짜임새]

구분	시간	교사지침	준비물
1. 속닥속닥	10분	하나님과 대화하며 짧은쪽지 남기기	성경책 필기도구 가위 풀
2. 성경이야기 들려주세요	10분	예수님의 지혜로운 가르침 들려주기	
3. 말씀살피기	10분	선한 사마리아인처럼 이웃 사랑하기	
4. 꼼지락 꼼지락	10분	말씀 읽으며 하트모양 채우기	

[이렇게 시작하세요]

우리집 옆집에는 누가 살고 있나요? 아이들 각자가 누가 살고 있는지 알고 있다면 이웃에 대해 설명해보도록 인도해주세요. 그리고 아이들이 모두 설명하고 나면 아이들이 이웃에게 인사를 하는지 물어보시면 좋습니다.

요즘 우리는 편리한 세상에 살고 있지만 그만큼 다른 사람과의 소통에 있어서는 점점 더 단절되어 가고 있습니다. 그래서 옆집에 누가 사는지도 잘 모르고 그렇기 때문에 인사를 하며 지내지 않는 것은 당연한 일이겠지요. 아이들에게 있어 '이웃'이라는 단어는 어떤 의미인지, 또한 아이들에게 '이웃'은 누구인지 생각해보도록 도와주시면 좋습니다. 오늘 말씀에서는 예수님께서 우리에게 진정한 이웃은 누구인지 말씀하십니다. 이 시간을 통해 아이들이 우리의 이웃의 의미를 찾고 또한 이웃에게 하나님의 마음으로 사랑을 실천할 수 있는 계기가 되기를 바랍니다.

1. 속닥속닥 "하나님, 있잖아요"

이 부분은 아이들이 말씀을 듣기 전, 하나님과 대화하는 시간입니다. 본격적인 성경이야기가 시작되기 전에 아이들이 하나님과 친밀한 시간을 가지고 자유롭게 생각하면서 하나님께 하고 싶은 이야기를 적을 수 있도록 도와주세요. 아이들이 써내려가는 이야기의 내용은 속상한 마음일 수도 있고 회개의 마음일 수도 있고 궁금한 마음일 수도 있습니다.

이 부분에서는 아이들이 적은 내용을 확인하기보다는 진솔한 이야기를 적을 수 있도록 독려해주시고 작성이 끝난 후에는 아래의 오늘 읽어주실 말씀을 읽어주시고 멘트를 한번 더 읽어주셔서 아이들의 마음 속에 '하나님은 나를 가장 잘 아시고 가장 많이 사랑하시는 분'이라는 사실을 느낄 수 있도록 해주세요. 이 시간을 통해 우리 아이들이 하나님의 깊고 넓은 사랑을 가득 느낄 수 있기를 소망합니다.

<오늘 읽어주실 말씀과 멘트>
내 사랑하는 자들아 너희가 친히 원수를 갚지 말고 하나님의 진노하심에 맡기라 기록되었으되 원수 갚는 것이 내게 있으니 내가 갚으리라고 주께서 말씀하시니라 (로마서 12장 19절)

"사랑하는 여러분, 여러분은 스스로 원수를 갚지 말고 하나님의 진노하심에 맡기십시오. 성경에 기록되기를 원수 갚는 것은 내게 있으니, 내가 갚겠다고 주님께서 말씀하셨습니다."

2. 성경이야기 들려주세요

한 율법교사가 예수님이 뭐라고 하시는지 시험하기 위해 질문했어요. 그러자 예수님은 그의 질문에 다시 질문으로 대답하셨습니다.

"율법에 무엇이라 기록되었으며 네가 어떻게 읽느냐"

예수님은 그가 율법교사이기에 답을 잘 알 것이라고 생각하셨어요. 역시 율법교사는 답을 잘 알고 있었고 이렇게 대답했어요. "네 마음을 다하며 목숨을 다하며 힘을 다하며 뜻을 다하여 주 너의 하나님을 사랑하고 또한 네 이웃을 네 자신 같이 사랑하라 하였습니다." 이에 율법교사는 또 질문을 했습니다. "그렇다면 제 이웃은 누구입니까?" 이 질문에 예수님은 한 가지 이야기를 들려주셨어요.

어떤 한 사람이 예루살렘에서 여리고로 내려가고 있을 때, 그곳에서 강도를 만나게 되었습니다.

강도들은 맞아서 쓰러져 누워있는 사람을 두고 그곳을 떠났지요. 그때 마침 한 제사장이 그곳을 지나갔지만 그 사람을 보고 피하여 지나갔어요.

그리고 조금 후에 한 레위 사람이 그곳을 지나갔지만 쓰러져있는 사람을 보고 피하여 지나갔습니다. 그 때, 그곳을 여행하던 사마리아 사람이 그 강도만난 자를 발견하고는 가까이 가서 기름과 포도주를 그 상처에 붓고 싸매고 자기 짐승에 태워 주막으로 데리고 가서 돌보았어요.

그리고 다음날 주막 주인에게 두 데나리온을 내밀며, 이 사람을 돌보아 주고 비용이 더 들면 다시 돌아올 때에 갚는다고 했어요.

예수님은 이렇게 비유를 들려주시고 누가 강도만난 자의 이웃인지 물으셨어요. 그 율법교사는 당연히 자비를 베푼 사마리아인이라고 대답했지요. 그러자 예수님은 "너도 가서 이와 같이 하라" 하셨습니다. 우리는 도움이 필요한 사람들의 이웃이에요. 하나님의 말씀대로 하나님을 사랑하고 이웃을 사랑하는 우리 모두가 되었으면 좋겠습니다.

[확인하기] 아래 장면을 성경 이야기 들은 내용의 순서에 맞게 번호를 매겨 봅시다.

3. 말씀살피기

1. 사마리아인은 강도만난 사람을 도와주었습니다. 어떻게 도와주었는지 보기에서 알맞은 것을 골라보세요.

1. 상처에 부었다　　2. 짐승에 태워 주막으로 데리고 갔다
3. 주막 주인에게 두 데나리온을 주면서 강도만난 사람을 부탁했다
4. 몰래 도망갔다　5. 놀라서 소리를 질렀다　6. 의사선생님을 데리고 왔다

기름과 포도주	1. 상처에 부었다
짐승	2. 짐승에 태워 주막으로 데리고 갔다
두 데나리온	3. 주막 주인에게 두 데나리온을 주면서 강도만난 사람을 부탁했다

2. 친구와 놀러가는 길에 도움이 필요한 사람들이 보이네요. 함께 색칠하면서 도움이 필요한 사람들을 도와주세요.

[말씀살피기 가이드]

[1번 문제]

오늘 배운 말씀을 기억하면서 함께 정답을 찾아보도록 합시다. 아직 아이들에게는 내용과 단어가 어렵게 느껴질 수 있으니 충분한 시간을 가지고 아이들의 이해를 도와주세요.

[2번 문제]

우리 주변에도 우리의 도움이 필요한 사람들이 많습니다. 이웃을 돕는 모습의 그림을 색칠하면서 여러가지 상황에서 어떻게 도울 수 있을지 생각해볼 수 있는 시간이 될 것입니다. 아이들이 색칠할 때 그림에 대한 설명을 해주시면 좋습니다.

[참고자료]

사마리아인과 선한 사마리아인

기원전 722년 이스라엘이 앗시리아인들에게 정복되었을 때 앗시리아는 많은 이스라엘인들을 죽이거나 추방하고 외국인들을 불러 그 지역에 살게 하였습니다.

또한 이스라엘과 이방인들의 통혼정책을 펼치기도 하였습니다. 때문에 자연스럽게 혼혈족들이 많이 생기게 되었습니다(열왕기하 17:33). 그뿐 아니라 사마리아인들은 여호와 신앙을 버리고 이방인들의 우상숭배도 많이 하게 되었습니다. 이로인해 유대인들과는 갈등이 생기게 되었고 이들을 이스라엘의 옛 수도인 사마리아의 이름을 따서 사마리아인이라 부르게 되었습니다. 예수님 당시 사마리아인과 유대인은 이미 수백 년 동안 서로 원수처럼 지냈습니다. 사마리아인들과 마주치지 않기 위해 갈릴리에서 유다까지 가는 유대인들은 사마리아 지역을 멀리 우회해서 돌아가곤 하였습니다. 유대인들은 '사마리아'라는 말만 들어도 침을 뱉었을 정도였습니다.

선한 사마리아인은 누가 우리의 이웃인가에 대한 가르침으로 제시하신 비유에 등장하는 인물(눅 10:30-37)입니다. 당시 사마리아인은 유대인들이 자기 동족으로 취급하지 않을 만큼 미워했던 자입니다. 그런데 사랑을 제대로 실천하는 자로서 사마리아인을 예로 들어 말씀하신 것은 여러가지 의미를 주고 있습니다.

사마리아인은 사회적 인습이나 한계를 초월하여 강도 만난 자에게 다함없는 친절과 사랑을 베풂으로써 사랑의 가치와 이웃의 범위를 확인시켜 주었습니다.

율법교사의 그릇된 생각을 바로잡아주신 예수님

본문에서는 예수님과 율법교사가 대화하는 것을 볼 수 있습니다. 우리는 여기에서 그리스도의 분명한 대답을 듣게 됩니다. 예수님께 질문을 한 율법교사의 그릇된 생각은 무엇인가? 그는 "너의 이웃을 사랑하라. 그러나 모든 이방인은 제외시켜라. 왜냐하면 그들은 우리 이웃이 아니고 우리 민족과 우리 신앙을 가진 자들만 우리 이웃이기 때문이다" 라고 생각하였습니다. 그들은 죽어가는 이방인을 보고도 그의 생명을 구하기 위하여 도와 줄 의무가 없다고 생각하였습니다. 예수님께서는 그런 율법교사의 생각이 잘못되었다는 것을 바로잡기 원하셨으며, 비유로써 우리가 친절을 베푸는 사람은 누구든지 우리 이웃으로 간주해야 된다는 것을 가르쳐 주셨습니다.

[꼼지락 꼼지락]

[하트채우기]

제시된 성경구절을 읽어보고 성경구절 밑에 적힌 빨간색 숫자조각을 오려 하얀색 하트판에 붙이고 하트를 완성해보도록 합니다.

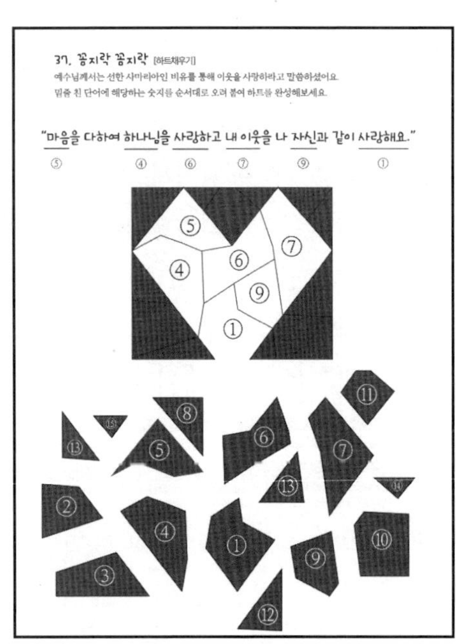

38과 가난한 과부의 두 렙돈

1. **성경본문** | 마가복음 12:41-44

2. **외울 말씀** | 그들은 다 그 풍족한 중에서 넣었거니와 이 과부는 그 가난한 중에서 자기의 모든 소유 곧 생활비 전부를 넣었느니라 하시니라 (마가복음 12장 44절)

3. **리더들의 외침** | 마음을 보시는 예수님!

4. **공과 주제** |
   1. 예수님의 계산법은 달라요.
   2. 우리의 마음을 보시는 예수님
   3. 정성을 드리는 어린이가 되어요.

[공과 짜임새]

구분	시간	교사지침	준비물
1. 속닥속닥	10분	하나님과 대화하며 짧은쪽지 남기기	성경책 필기도구
2. 성경이야기 들려주세요	10분	부자와 가난한 자의 헌금에 대한 예수님의 가르침 배우기	
3. 말씀살피기	10분	헌금을 드리는 우리의 마음 점검하기	
4. 꼼지락 꼼지락	10분	예수님이 기뻐하실 우리의 마음 따라쓰기	

[이렇게 시작하세요]

우리가 주일예배를 드리며 헌금을 드릴 때, 어떤 마음을 가져야 할까요? 아이들이 어떤 생각을 가지고 있는지 충분한 시간을 가지고 나눠보세요. 우리 아이들이 아직 어리기도 하지만, 헌금의 의미에 대해 제대로 알지 못하고 있다면 헌금을 어떻게 드려야 하는지 잘 모를 수 있습니다.
아이들의 나눔 후에는 옳고 그름으로 아이들의 생각을 나누지 마시고 잘 설명해주세요.
헌금은 하나님께 드리는 우리의 마음이며 마음의 표현입니다. 그렇기 때문에 헌금을 드릴 때 액수의 크고 작음에 상관없이 기쁨과 정성과 감사의 마음을 다해 하나님께 드려야 하는 것이지요.
오늘 말씀에서도 헌금에 대한 이야기가 나옵니다. 오늘 말씀을 통하여 우리 아이들이 마음과 정성을 올려드리는 멋진 친구들이 되기를 바랍니다.

1. 속닥속닥 "하나님, 있잖아요"

이 부분은 아이들이 말씀을 듣기 전, 하나님과 대화하는 시간입니다. 본격적인 성경이야기가 시작되기 전에 아이들이 하나님과 친밀한 시간을 가지고 자유롭게 생각하면서 하나님께 하고 싶은 이야기를 적을 수 있도록 도와주세요. 아이들이 써내려가는 이야기의 내용은 속상한 마음일 수도 있고 회개의 마음일 수도 있고 궁금한 마음일 수도 있습니다.
이 부분에서는 아이들이 적은 내용을 확인하기보다는 진솔한 이야기를 적을 수 있도록 독려해주시고 작성이 끝난 후에는 아래의 오늘 읽어주실 말씀을 읽어주시고 멘트를 한번 더 읽어주셔서 아이들의 마음 속에 '하나님은 나를 가장 잘 아시고 가장 많이 사랑하시는 분'이라는 사실을 느낄 수 있도록 해주세요. 이 시간을 통해 우리 아이들이 하나님의 깊고 넓은 사랑을 가득 느낄 수 있기를 소망합니다.

<오늘 읽어주실 말씀과 멘트>
피차 사랑의 빚 외에는 아무에게든지 아무 빚도 지지 말라 남을 사랑하는 자는 율법을 다 이루었느니라 (로마서 13장 8절)

"서로 사랑하는 것 외에는 아무에게도 빚을 지지 마십시오. 남을 사랑하는 사람은 율법을 다 이룬 것입니다."

2. 성경이야기 들려주세요

어느 날, 성전에서 성도들이 하나님께 드릴 예물을 헌금함에 넣고 있었어요.

그들 중에는 부자도 있었고 가난한 사람도 있었지요. 그때, 가난한 과부가 적은 돈이지만 자신의 전부인 생활비를 헌금으로 드렸습니다.

예수님은 성도들이 헌금하는 것을 보시고, 제자들을 불러서 말씀하셨어요.

"내가 진정으로 너희에게 말한다. 헌금함에 돈을 넣은 사람들 가운데, 가난한 과부가 어느 누구보다도 더 많이 넣었다. 모두 넉넉한 데서 얼마씩을 떼어 넣었지만, 이 과부는 가난한 가운데서 가진 것 모두 곧 자기 생활비 전부를 털어 넣었다." (막12:43-44/새번역)

이처럼 예수님은 헌금을 얼마나 많이 했는지 액수를 보시는 것이 아니라, 부자든 가난한 사람이든 어떤 마음으로 헌금하는지를 보십니다.

아무리 돈이 많아도 마음과 정성을 드려 헌금을 드리는 것이 아니라면 아무 소용이 없어요. 하지만 적은 돈이라도 예수님을 사랑하는 마음으로 기쁘게 헌금을 드린다면 하나님께서 기쁘게 받아주시고 칭찬해 주실 거예요. 앞으로 헌금을 드릴 때 하나님께 감사하는 마음으로 정성을 다해 드리는 친구들이 되어요.

[확인하기] 아래 장면을 성경 이야기 들은 내용의 순서에 맞게 번호를 매겨 봅시다.

3. 말씀살피기

1. 예수님께서 가난한 과부의 헌금이 부자들의 헌금보다 많다고 하신 이유는 무엇인가요? 성경구절을 찾아 빈칸을 채워보세요.

실제 렙돈

그들은 다 그 (풍족한) 중에서 넣었거니와 이 과부는 그 가난한 중에서 자기의 (모든 소유) 곧 생활비 (전부)를 넣었느니라 하시니라 (44절)

2. 하나님께 헌금을 드릴 때 어떤 마음으로 드리고 싶은지 아래 그림에 적어보고 실천해보아요.

[말씀살피기 가이드]

[1번 문제]

오늘 본문(막12:41-44)을 다시 알려주시고 본문을 읽으며 찾을 수 있도록 지도해주세요.
아이들이 모두 답을 찾고난 후에는 예수님의 계산법에 대한 전체적인 설명을 해주시면 좋습니다.

[2번 문제]

아이들 스스로 하나님께 어떤 마음을 드리고 싶은지 생각해보도록 합니다. 그리고 모두 작성한 후에는 선생님께서 작은 박스나 헌금 바구니를 준비하셔서 비록 눈에 보이진 않지만 아이들이 손을 모으고 자신이 적은 마음을 헌금 바구니에 넣어보는 시간을 가지셔도 좋습니다.

[참고자료]

헌금의 가치

예수님께서는 '헌금은 물질이 많은 자가 많이 바치게 되는 것이며, 가난한 자가 적게 바치는 것은 당연한 것'이라고 언급하셨습니다.
즉, 이 말은 헌금은 정성과 희생적인 것이 되어야만 하는 것이므로 과부의 두 렙돈은 '모든 사람보다 많이 넣었도다'(43절)라는 예수님의 말을 듣게 됩니다. 풍족한 가운데서 많이 하는 헌금보다 없는 중에도 정성을 들여 하는 헌금이 크다는 예수님의 지혜를 배울 수 있는 말씀입니다.
또한, 본 장은 가난한 중에서도 자신의 전부를 드린 과부의 정성과 희생을 칭찬하시면서 당시의 지도자들에 대한 경고와 질책을 보여주고 있습니다. 헌금의 가장 큰 가치는 액수가 아니라 정성입니다.

[꼼지락 꼼지락]

[우리의 마음을 드려요!]

돈의 많고 적음보다 마음의 중심을 보시는 예수님을 기억하며 그림에 제시된 글자를 따라 적어보고 우리 아이들의 마음 속에 예수님이 기뻐하실 것들로 채워보도록 합니다.

38. 꼼지락 꼼지락 [우리의 마음을 드려요!]

세상 사람들과 달리 예수님은 우리의 마음을 보세요.
내 마음을 예수님이 기뻐하실 것들로 가득 채워봅시다.
아래 그림에 점섬을 따라 단어를 적어보아요.

39과 예루살렘에 입성하시는 왕 예수님

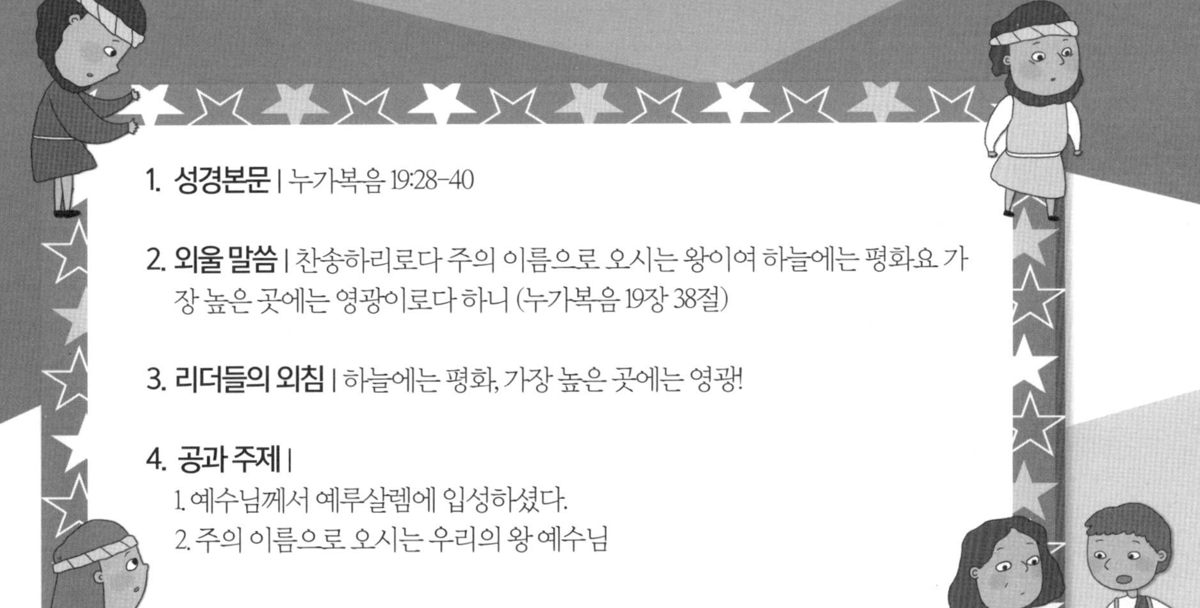

1. **성경본문** | 누가복음 19:28-40

2. **외울 말씀** | 찬송하리로다 주의 이름으로 오시는 왕이여 하늘에는 평화요 가장 높은 곳에는 영광이로다 하니 (누가복음 19장 38절)

3. **리더들의 외침** | 하늘에는 평화, 가장 높은 곳에는 영광!

4. **공과 주제** |
   1. 예수님께서 예루살렘에 입성하셨다.
   2. 주의 이름으로 오시는 우리의 왕 예수님

[공과 짜임새]

구분	시간	교사지침	준비물
1. 속닥속닥	10분	하나님과 대화하며 짧은쪽지 남기기	성경책 필기도구 색연필
2. 성경이야기 들려주세요	10분	예수님께서 예루살렘에 입성하신 이야기 들려주기	
3. 말씀살피기	10분	우리의 구원자되신 예수님을 찬양하기	
4. 꼼지락 꼼지락	10분	틀린그림 찾아보고 색칠하기	

[이렇게 시작하세요]

부모님이나 친구들이 나를 사랑한다고 느꼈을 때는 언제인가요? 사랑이라는 단어가 조금 피상적일 수 있으니 아이들에게 먼저 몇가지 예를 들어주시고 생각해보도록 해주세요.
부모님이 나를 위해 맛있는 음식 혹은 예쁜 옷을 사주셨을 때, 친구가 나를 위해 선물을 준비했을 때, 부모님이 나를 꼬옥 안아주실 때, 친구가 편지를 써 줬을 때 등이 있을 수 있습니다. 아이들이 느낀 사랑의 감정을 들어보시면서 그 감정을 바탕으로 예수님의 사랑에 대해 말씀해주시면 우리 아이들이 예수님의 사랑이 얼마나 큰지를 잘 깨달을 수 있을 것입니다. 예수님은 매일 매일 우리를 꼬옥 안아주시고 사랑한다고 말씀하고 계시며 나를 위해 대신 큰 아픔을 겪으시고 십자가를 지셨으며 나를 위해 영생이라는 선물을 준비해주셨습니다.
오늘은 예수님께서 예루살렘에 들어가십니다. 오늘 말씀을 통하여 예수님은 찬양받기에 합당하신 분이라는 사실과 예수님의 십자가의 죽으심은 우리 죄를 용서하시기 위한 하나님의 놀라운 계획이라는 사실을 깨달을 수 있도록 도와주세요.

1. 속닥속닥 "하나님, 있잖아요"

이 부분은 아이들이 말씀을 듣기 전, 하나님과 대화하는 시간입니다. 본격적인 성경이야기가 시작되기 전에 아이들이 하나님과 친밀한 시간을 가지고 자유롭게 생각하면서 하나님께 하고 싶은 이야기를 적을 수 있도록 도와주세요. 아이들이 써내려가는 이야기의 내용은 속상한 마음일 수도 있고 회개의 마음일 수도 있고 궁금한 마음일 수도 있습니다.
이 부분에서는 아이들이 적은 내용을 확인하기보다는 진솔한 이야기를 적을 수 있도록 독려해주시고 작성이 끝난 후에는 아래의 오늘 읽어주실 말씀을 읽어주시고 멘트를 한번 더 읽어주셔서 아이들의 마음 속에 '하나님은 나를 가장 잘 아시고 가장 많이 사랑하시는 분'이라는 사실을 느낄 수 있도록 해주세요. 이 시간을 통해 우리 아이들이 하나님의 깊고 넓은 사랑을 가득 느낄 수 있기를 소망합니다.

<오늘 읽어주실 말씀과 멘트>
기록된 바 하나님이 자기를 사랑하는 자들을 위하여 예비하신 모든 것은 눈으로 보지 못하고 귀로 듣지 못하고 사람의 마음으로 생각하지도 못하였다 함과 같으니라 (고린도전서 2장 9절)

"성경에 기록한 바 하나님이 자기를 사랑하는 사람들을 위하여 예비하신 모든 것은 눈으로 보지 못하고 귀로 듣지 못하고 사람의 마음으로 생각하지 못한다고 했습니다."

2. 성경이야기 들려주세요

예수님께서 예루살렘을 향하여 가실 때였어요. 예수님께서는 두 제자에게 반대편 마을로 가서 아직 아무도 타보지 못한 매여 있는 나귀 새끼 한 마리를 풀어서 끌고 오라고 하셨습니다.

그리고 만일 누가 와서 '왜 나귀를 푸느냐'고 물어보면 주가 쓰시겠다고 하라고 하셨어요.

두 제자들은 그 길로 가서 어린 나귀를 풀고 있었는데 그때 나귀 주인이 와서 왜 나귀를 푸는지 물었어요.

그러자 제자들은 예수님이 알려주신 대로 '주께서 쓰실 것입니다.' 라고 말했고 나귀 새끼를 데려왔습니다. 그리고 제자들은 데리고 온 나귀 위에 자신의 겉옷을 벗어서 걸쳐놓고 예수님을 태워드렸어요.

또한 예수님이 지나가시는 길에도 겉옷을 깔아놓았습니다.

예수님께서 감람산이라는 곳 내리막길에 가까이 오셨을 때, 제자들은기뻐하며 큰 소리로 외쳤어요.

"찬송하리로다 주의 이름으로 오시는 왕이여 하늘에는 평화요 가장 높은 곳에는 영광이로다"

그때, 무리 중에 있던 바리새인들은 이 모습을 보고 예수님께 제자들을 꾸짖어달라고 말했습니다.

하지만 예수님께서는 만일 제자들이 침묵한다면 돌들이 소리를 지를 거라고 하셨어요.

이 말은 사람들이 잠잠하다고 해서, 찬양을 하지 않는다고 해서 예수님이 찬양을 받지 않으시는 분이 아니라, 사람들이 찬양을 하지 않는다 해도 돌들이 소리를 질러 찬양을 받으신다는 뜻이에요. 하나님은 찬양받기에 합당하신 분이기 때문입니다.

우리를 지으시고 또 우리를 구원하시려고 독생자 그리스도를 이 세상에 보내셨으며 늘 우리와 함께하시는 하나님을 찬양해요!

[확인하기] 아래 장면을 성경 이야기 들은 내용의 순서에 맞게 번호를 매겨 봅시다.

3. 말씀살피기

1. 예수님께서 예루살렘에 들어오실 때 어떤 일이 일어났나요?
   일어난 일에는 ○, 일어나지 않은 일에는 X를 표시해보세요.

1) 온 무리가 "찬송하리로다 주의 이름으로 오시는 왕이여"라고 외쳤다. (○)

2) 예수님께서는 제자들이 데리고 온 말을 타고 예루살렘에 들어오셨다. (X)

3) 예수님께서 바리새인들의 말을 듣고 돌들에게 소리를 지르라고 말씀하셨다. (X)

4) "하늘에는 평화, 가장 높은 곳에는 영광"이라고 외치는 사람들이 있었다. (○)

2. 하나님은 찬양받기에 합당하신 분이세요.
   아래의 그림 중 하나님을 찬양하고 있는 어린이 3명을 찾아보세요.

[말씀살피기 가이드]

[1번 문제]

예수님께서 예루살렘 입성하실 때 일어난 일들을 다시 생각해보며, 오늘 말씀의 요절인 "찬송하리로다 주의 이름으로 오시는 왕이여 하늘에는 평화요 가장 높은 곳에는 영광이로다 하니"의 말씀을 강조하며 다함께 외워보는 시간을 가지면 좋습니다.

[2번 문제]

우리 아이들은 예배시간에 어떤 모습일까요? 혹시 친구와 떠들거나 친구를 괴롭히는 어린이는 아니겠지요. 아이들과 함께 찬양하는 아이 찾기를 해보면서 아이들이 좋아하는 찬양을 불러보시는 것도 좋습니다.

[참고자료]

나귀 새끼를 타고 성스러운 길로 나아가신 예수님

예수님께서 예루살렘에 입성하실 때, 벳바게와 베다니에 가까이 이르러서 제자들에게 맞은편 마을로 보내어 매어 있는 나귀의 새끼를 끌어오게 하셨습니다.

이는 예수님 자신이 구약에 예언된 메시아임을 철저하게 증거를 보이신 것입니다.

그리고 하나님의 모든 말씀이 온전히 성취됨을 보여주는 것입니다.

어린 나귀에 탄 예수님의 모습은 초라해보였을지 몰라도, 그가 나아가시는 길은 인류를 구원하기 위해 십자가로 가는 성스러운 길이었습니다. 그분은 전쟁의 영웅으로 예루살렘에 입성하신 것이 아니라 평화의 왕으로 예루살렘에 들어가신 것입니다(사9:6).

[꼼지락 꼼지락]

[이상한 곳 찾아보고 그림 색칠하기]

오늘 배운 말씀내용을 되새기며 색칠해보는 시간입니다. 예수님은 나귀 새끼를 타셨지요. 말씀을 정리하며 제시된 3가지 그림을 모두 예쁘게 색칠해볼 수 있도록 지도해주세요.

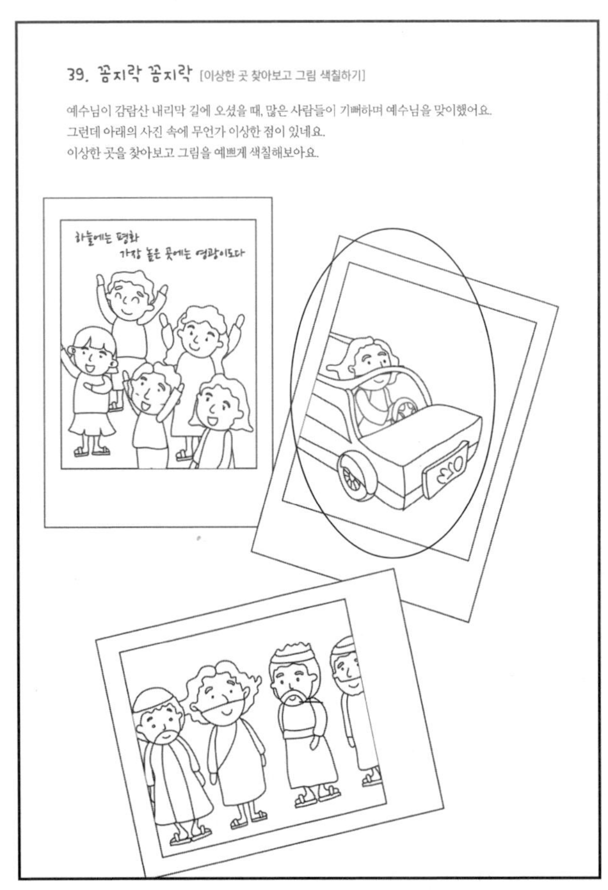

39. 꼼지락 꼼지락 [이상한 곳 찾아보고 그림 색칠하기]

예수님이 감람산 내리막 길에 오셨을 때, 많은 사람들이 기뻐하며 예수님을 맞이했어요.
그런데 아래의 사진 속에 무언가 이상한 점이 있네요.
이상한 곳을 찾아보고 그림을 예쁘게 색칠해보아요.

40과 내게 있는 향유 옥합

1. **성경본문** | 마가복음 14:1-9

2. **외울 말씀** | 내가 진실로 너희에게 이르노니 온 천하에 어디서든지 복음이 전파되는 곳에는 이 여자가 행한 일도 말하여 그를 기억하리라 하시니라 (마가복음 14장 9절)

3. **리더들의 외침** | 복음이 전파되는 곳마다 기억되는 어린이가 되자!

4. **공과 주제** |
   1. 옥합을 깨뜨리고 예수님의 머리에 향유를 부은 여인
   2. 온 세상에 복음이 전파되는 곳마다 기억되는 사람이 되어요.

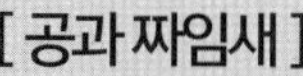

[공과 짜임새]

구분	시간	교사지침	준비물
1. 속닥속닥	10분	하나님과 대화하며 짧은쪽지 남기기	성경책 필기도구 색종이
2. 성경이야기 들려주세요	10분	예수님의 머리에 향유를 부은 여인과 예수님께서 하신 말씀 알아보기	
3. 말씀살피기	10분	나에게 있는 향유 옥합 생각해보기	
4. 꼼지락 꼼지락	10분	종이접기	

[이렇게 시작하세요]

우리 아이들에게 가장 소중한 물건은 무엇일까요? 인형? 책? 장난감? 가장 소중한 것 한 가지만 이야기해보도록 해주세요. 그리고 그것이 가장 소중한 이유는 무엇인지도 들어보시길 바랍니다.
그런데 오늘 말씀에서는 그 당시에 아주 귀하고 비싼 향유가 담긴 옥합을 깨뜨려서 예수님께 부은 여인이 나옵니다. 그 여인은 어떤 마음이었기에 비싸고 귀한 것을 깨뜨려 예수님께 부을 수 있었을까요? 우리 아이들은 예수님을 위해 내게 가장 귀한 것을 드릴 수 있을까요?
말씀이 시작되기 전에 먼저 그 여인이 어떤 마음이었을지 생각해보면서 말씀을 듣도록 해주시면 말씀을 이해하는데 도움이 될 것입니다.
오늘 말씀을 통하여 우리 아이들이 하나님의 마음을 알아 하나님이 보시기에 기뻐하시는 모습의 사람이 되기를, 날이 갈수록 하나님을 더욱 사랑하기를 소망합니다.

1. 속닥속닥 "하나님, 있잖아요"

이 부분은 아이들이 말씀을 듣기 전, 하나님과 대화하는 시간입니다. 본격적인 성경이야기가 시작되기 전에 아이들이 하나님과 친밀한 시간을 가지고 자유롭게 생각하면서 하나님께 하고 싶은 이야기를 적을 수 있도록 도와주세요. 아이들이 써내려가는 이야기의 내용은 속상한 마음일 수도 있고 회개의 마음일 수도 있고 궁금한 마음일 수도 있습니다.
이 부분에서는 아이들이 적은 내용을 확인하기보다는 진솔한 이야기를 적을 수 있도록 독려해주시고 작성이 끝난 후에는 아래의 오늘 읽어주실 말씀을 읽어주시고 멘트를 한번 더 읽어주셔서 아이들의 마음 속에 '하나님은 나를 가장 잘 아시고 가장 많이 사랑하시는 분'이라는 사실을 느낄 수 있도록 해주세요. 이 시간을 통해 우리 아이들이 하나님의 깊고 넓은 사랑을 가득 느낄 수 있기를 소망합니다.

<오늘 읽어주실 말씀과 멘트>
그러므로 내 사랑하는 형제들아 견실하며 흔들리지 말고 항상 주의 일에 더욱 힘쓰는 자들이 되라 이는 너희 수고가 주 안에서 헛되지 않은 줄 앎이라 (고린도전서 15장 58절)

"그러므로 나의 사랑하는 형제자매 여러분, 굳게 서서 흔들리지 말고 항상 주님의 일에 더욱 힘쓰십시오. 이것은 여러분이 아는 대로 여러분의 수고가 주님 안에서 헛되지 않습니다."

2. 성경이야기 들려주세요

이스라엘의 명절인 유월절과 무교절 이틀 전이었어요. 대제사장들과 율법학자들은 '어떻게 속임수를 써서 예수를 붙잡아 죽일까' 하고 궁리하고 있었습니다.

한편, 예수님은 시몬의 집에 머무실 때에 음식을 드시고 계셨는데 어떤 한 여자가 매우 값진 순수한 나드 향유 한 옥합을 가지고 와서 옥합을 깨뜨리고 향유를 예수님의 머리에 부었습니다. 향유는 그 자체에 향기가 나는 기름으로 성경은 그것이 매우 값지다고 표현하고 있어요.

그런데 그것을 본 몇몇 사람들이 화를 내면서 말했어요. 그 이유는 향유를 삼백 데나리온 이상에 팔아서 가난한 사람들에게 나누어 줄 수도 있었는데 그것을 깨뜨려서 헛되게 썼다고 생각했기 때문이에요. 하지만 예수님께서는 그 여인의 편에 서서 말씀하셨습니다.

"가만두어라. 왜 그 여인을 괴롭히느냐!. 그는 나에게 좋은 일을 했다"

예수님은 가난한 자들은 항상 그들 곁에 있으니 언제든지 도와줄 수 있지만 예수님 자신은 항상 함께 있지 않다고 말씀하셨어요. 예수님은 곧 잡혀가실 것을 알았기 때문이에요.

그래서 그 여인은 예수님을 위하여 예수님의 몸에 향유를 부어 예수님의 장례를 미리 준비한 것이라고 말씀하셨어요. 또한 온 세상 어디든지, 복음이 전파되는 곳마다 예수님을 위하여 자신의 모든 정성을 드린 여인의 한 일이 전해져서 사람들이 이 여인을 기억하게 될 것이라고 하셨어요.

모두가 잘못한 일이라고 말할 때 옥합을 깨뜨린 그 여인만이 예수님께 귀한 향유를 쏟아 부었어요. 우리 친구들도 이 여인처럼 마음과 정성을 다해 예수님을 사랑하는 친구들이 되어요.

[확인하기] 아래 장면을 성경 이야기 들은 내용의 순서에 맞게 번호를 매겨 봅시다.

3. 말씀살피기

1. 아래의 그림은 여인이 예수님께 향유를 붓는 그림입니다.
   숨은 그림을 찾아 동그라미를 쳐보세요.

숨은 그림은 의자, 참새, 가방, 하트입니다.

2. 예수님을 사랑하는 마음을 직접 표현해봅시다. 아래의 상자에서 단어를 골라 문장을 만들고 예수님께 고백해보아요.

예수님 감사해요 좋아요 기뻐요 꼭 더욱 고맙습니다
사랑해요 저는요 있잖아요 정말 닮아갈래요 보고싶어요
주님 기억해주세요 그리워요 즐거워요

....

....

[말씀살피기 가이드]

[1번 문제]

숨은 그림을 찾으면서 그림의 의미를 되짚어주시고 마가복음 14장 9절 말씀을 기억할 수 있도록 지도해주세요.

[2번 문제]

예수님을 사랑하는 마음을 우리 아이들이 직접 표현해보도록 하는 문제입니다. 아직 마음과 다르게 글로 자신의 마음을 표현하는 것에 서툴 수 있습니다. 그렇기 때문에 아이들이 보기의 단어를 이용하여 표현해보도록 하되, 단어를 조합하는 것에 어려워 한다면 완벽한 문장을 완성하려고 하기보다 자신의 원하는 단어를 골라 체크해보도록 하셔도 좋습니다. 중요한 것은 문장의 완성보다 예수님을 향한 아이들의 사랑의 마음을 표현하는 것입니다.

[참고자료]

예수님께 향유를 부은 마리아는 어떤 마리아인가?
성경에는 요한이나 빌립 처럼 동명이인의 인물들이 많습니다. 여성 이름 중엔 단연 마리아라는 이름이 많이 나옵니다. 예수님의 육신의 어머니도 마리아였습니다.
오늘 본문에 예수님께 향유옥합을 깨뜨려 부은 여인은 어떤 마리아일까요?
모든 학자들은 막달라 마리아로 보고 있습니다. 막달라 마리아는 갈릴리 서쪽 막달라 출신으로 '일곱 악령(귀신)'에 시달리다가 예수님에 의해 고침받았고 그후 예수님을 영접합니다(눅 8:2). 그녀는 이후 십자가에 못박히신 예수님의 죽음을 지켜보기도 하였고(마태 27:56), 예수님의 시체에 향유를 바르기 위해 무덤을 찾아왔다가(눅 23:55) 예수님의 부활을 최초로 목격한 여인 중에 한명이기도 했습니다.

예수 그리스도께서는 여인이 행한 일을 모든 시대의 사람들에게 칭찬하신 것이다
예수님께서는 값비싼 향유를 주께 부은 여인의 일이 복음이 전파되는 모든 곳마다 전해질 것이며, 그 여인을 기억하게 될 것이라고 말씀하셨습니다. 이 말씀은 곧 모든 시대의 사람들에게 칭찬하신 것입니다.

시대는 다르지만, 여인의 일이 계속 전파되고 많은 그리스도인들은 이 여인을 본받아 예수님께 행하고 또한 여인의 일을 계속 전하며 본받기를 소망합니다. 이처럼 예수님께서는 모든 시대의 사람들에게 여인을 통해 그리스도의 올바른 모습을 전하고자 하신 것입니다.

[꼼지락 꼼지락]

[사랑의 하트 접기]

재미있는 종이접기를 해보는 시간입니다. 제시된 방법에 따라 접는다면 어렵지 않으니 선생님께서 옆에서 도와주시면서 아이들이 하트를 완성해보도록 합니다. 또한 하트를 모두 접은 후에는 아이들과 함께 "예수님, 사랑해요!" 라고 외쳐보는 것도 좋습니다.

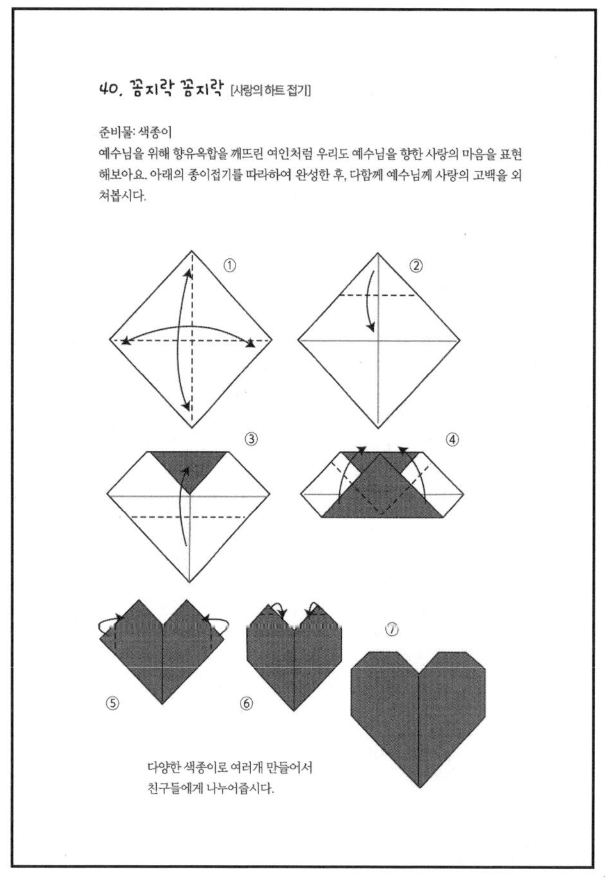

40. 꼼지락 꼼지락 [사랑의 하트 접기]

준비물: 색종이

예수님을 위해 향유옥합을 깨뜨린 여인처럼 우리도 예수님을 향한 사랑의 마음을 표현해보아요. 아래의 종이접기를 따라하여 완성한 후, 다함께 예수님께 사랑의 고백을 외쳐봅시다.

다양한 색종이로 여러개 만들어서 친구들에게 나누어줍시다.

4과 제자들의 배반

1. **성경본문** | 마태복음 26:14-75

2. **외울 말씀** | 그러나 이렇게 된 것은 다 선지자들의 글을 이루려 함이니라 하시더라 이에 제자들이 다 예수를 버리고 도망하니라 (마태복음 26장 56절)

3. **리더들의 외침** | 예수님을 신실하게 따르는 어린이가 되자!

4. **공과 주제** |
   1. 제자들의 배반을 예고하셨어요.
   2. 선지자들의 글을 이루기 위함이라고 하셨어요.
   3. 언제나 예수님과 함께하는 어린이가 되어요!.

[공과 짜임새]

구분	시간	교사지침	준비물
1. 속닥속닥	10분	하나님과 대화하며 짧은쪽지 남기기	성경책 필기도구
2. 성경이야기 들려주세요	10분	가룟 유다가 배반한 이야기 듣기	
3. 말씀살피기	10분	예수님을 배반한 모습 살펴보기	
4. 꼼지락 꼼지락	10분	예수님과 만날 시간 정하기	

[이렇게 시작하세요]

"사랑하는 친구가 나에게 거짓말을 한다면?" 이라는 질문을 아이들에게 던져주시고 아이들이 느낀 감정과 생각을 나눠보도록 인도해주세요.
이 나눔은 배신이라는 단어가 어려운 아이들을 위해 쉽게 예를 들어 설명하기 위한 것입니다.
배신이라는 감정을 느꼈을 때, 우리는 화가 나고 슬프고 밉고 기분이 상하게 되겠지요.
오늘 등장하는 이야기에서 예수님의 제자 가롯유다는 예수님을 배반합니다.
예수님을 사랑한 베드로도 예수님을 3번 부인하지요. 이때 예수님께서는 어떻게 말씀하셨고 또한 그렇게 말씀하신 이유는 무엇인지 오늘 말씀을 통해 배워보면서 우리 아이들이 예수님의 마음을 좀 더 깊이 이해해보는 시간을 가지면 좋겠습니다.

1. 속닥속닥 "하나님, 있잖아요"

이 부분은 아이들이 말씀을 듣기 전, 하나님과 대화하는 시간입니다. 본격적인 성경이야기가 시작되기 전에 아이들이 하나님과 친밀한 시간을 가지고 자유롭게 생각하면서 하나님께 하고 싶은 이야기를 적을 수 있도록 도와주세요. 아이들이 써내려가는 이야기의 내용은 속상한 마음일 수도 있고 회개의 마음일 수도 있고 궁금한 마음일 수도 있습니다.
이 부분에서는 아이들이 적은 내용을 확인하기보다는 진솔한 이야기를 적을 수 있도록 독려해주시고 작성이 끝난 후에는 아래의 오늘 읽어주실 말씀을 읽어주시고 멘트를 한번 더 읽어주셔서 아이들의 마음 속에 '하나님은 나를 가장 잘 아시고 가장 많이 사랑하시는 분'이라는 사실을 느낄 수 있도록 해주세요. 이 시간을 통해 우리 아이들이 하나님의 깊고 넓은 사랑을 가득 느낄 수 있기를 소망합니다.

<오늘 읽어주실 말씀과 멘트>
그리스도의 사랑이 우리를 강권하시는도다 우리가 생각하건대 한 사람이 모든 사람을 대신하여 죽었은즉 모든 사람이 죽은 것이라 (고린도후서 5장 14절)

"그리스도의 사랑이 우리를 휘어잡습니다. 우리가 생각할 때 한 사람이 모든 사람을 위하여 죽으셨으니, 모든 사람이 죽은 것입니다."

2. 성경이야기 들려주세요

예수님의 12제자 중에는 '가롯 유다'라는 사람이 있었어요. 그는 몰래 종교지도자들을 찾아가서 은 30을 받고 예수님을 넘겨주기로 약속을 했어요. 한편, 무교절 첫날에 제자들은 유월절을 준비한 후 예수님과 함께 식사를 했습니다. 그때 예수님께서 말씀하셨어요.

"너희 중 한 사람이 나를 팔 것이다"

이 말을 들은 가롯 유다와 제자들은 모두 자신은 아닐 거라고 믿었어요. 하지만 예수님은 제자들의 배반을 알고 계셨습니다.

예수님께서는 떡을 들어 축복하시고 잔을 들어 감사기도를 하셨어요. 그리고 제자들에게 떡을 떼어주시며 예수님의 몸이니 먹으라고 하셨어요. 또한 잔을 주시며 예수님께서 많은 사람의 죄를 없애기 위하여 흘리는 피라고 하셨고 함께 찬미한 후 감람산으로 갔습니다.

예수님께서는 제자들이 예수님을 부인할 것이라고 말씀하셨어요. 그리고 살아난 후에 제자들보다 먼저 갈릴리로 갈 것이라고 하셨습니다. 이 말을 들은 베드로는 모두가 예수님을 버릴지라도 자신은 버리지 않겠다고 했지만 예수님은 베드로에게 '오늘 밤 닭이 울기 전에 네가 나를 세 번 부인할 것'이라고 말씀하셨어요. 그후 예수님은 겟세마네 동산에서 기도하셨습니다.

예수님이 몹시 슬퍼하고 괴로워하시며 한참을 기도하신 후에 가롯 유다와 종교지도자들이 나타나 예수님을 잡아가려고 했습니다. 그리고 예수님께서 잡히시자 모든 제자들은 예수님을 버리고 도망쳤고 베드로는 예수님을 세 번 부인했어요.

그러나 예수님께서는 이렇게 된 것이 다 선지자들의 글을 이루기 위함이라고 말씀하셨어요. 예수님께서 이 세상에 오셔서 우리를 위해 희생하셔야만 하나님의 뜻을 이룰 수 있기 때문이에요.

[확인하기] 아래 장면을 성경 이야기 들은 내용의 순서에 맞게 번호를 매겨 봅시다.

3. 말씀살피기

1. 예수님은 판 사람은 누구이고 얼마에 팔리셨나요? 알맞은 답을 골라보세요.

1) 베드로, 금 30

2) 야고보, 금 20

3) 가룟유다, 은 30

4) 마태, 은 20

2. 그림에는 오늘 본문의 외울말씀이 숨겨져 있습니다.
오늘의 본문말씀을 찾아 아래의 칸에 적어보아요.

그러나 이렇게 된 것은 다 선지자들의 글을 이루려 함이니라 하시더라

이에 제자들이 다 예수를 버리고 도망하니라

[말씀살피기 가이드]

[1번 문제]

가룟유다는 예수님의 제자였고, 3년간 가르침을 받아 열심히 순종하며 제자로서 삶을 잘 실천하였습니다. 하지만 돈에 대한 욕심과 자신의 욕망 때문에 예수님을 배반했어요.
결국 가룟유다는 은 30냥을 받고 예수님을 종교지도자들에게 넘겨주고 말았습니다(마26:14-16). 그리고 그후 죄책감으로 인하여 비참한 최후를 맞이하게 되었습니다.
우리 아이들의 처음 신앙은 너무도 중요합니다. 일순간 사단의 유혹에 넘어가 예수님을 배신했던 가룟유다처럼 우리도 교회를 빠지기 시작하고, 예수님의 뜻대로 순종하지 않고 산다면 예수님에 대한 믿음이 사라질 수도 있음을 알려주세요. 우리 아이들이 믿음대로 살도록 권면해주시길 바랍니다.

[2번 문제]

오늘 공과의 외울말씀을 정리하고 함께 따라 써보는 시간입니다. 그림 속에서 글씨를 찾아내며 즐거움을 느끼고 그 후에 외울말씀을 따라 써보면서 오늘 배운 말씀을 정리하는 시간을 갖도록 합니다.

[참고자료]

예수님을 배신한 가룟유다
유다는 주님을 위하여 복음을 전도하러 다니기도 했으며 귀신을 내쫓기도 하였습니다(눅 10:17-20). 유다를 열두 제자의 회계로 택한 것은 동료들이 그를 상당히 신임하였음을 말해주고 있습니다(요 12:6). 그는 동료들 전원의 동의를 받아서 돈을 가방에 챙기고 지불하는 책임을 맡았기 때문입니다. 사실 전문 세리가 제자들 안에 있었습니다. 바로 마태입니다. 그런 전문가가 있었음에도 굳이 유다를 회계로 삼은 것으로 보아 제자들이 그를 얼마나 신임하고 있는지를 단적으로 보여주는 예일 것입니다. 제자로 출발할 때에 그는 신중하고 정직했으며 유능하고 실질적인 사람이었습니다. 그러나 돈에 눈이 어두웠습니다. 그리고 그의 인생은 참으로 비참한 자살로 끝을 맺었습니다. 예수께서는 유다에게 "인자는 자기에게 대하여 기록된 대로 가거니와 인자를 파는 그 사람에게는 화가 있으리로다 그 사람은 차라리 나지 아니하였더면 좋을 뻔하였느니라"(막 14:21)고 말씀하셨습니다. 유다를 타락하게 만든 요인은 무엇이었을까요?
그것은 예수님에 대한 기대가 자신과 맞지 않았다고 생각했기 때문입니다. 그는 메시야가 로마로부터 이스라엘을 구하고 통치할 것을 기대했습니다. 그리고 예수님의 사명에 대한 자신의 생각이 너무도 거리가 먼 것임을 깨달았습니다. 또한 유다는 탐욕 때문에 무너졌습니다. 유다는 비싼 향유를 예수께 바르는 마리아의 행동에 대하여 "이 향유를 삼백 데나리온에 팔아 가난한 자들에게 어찌하여 주지 않느냐?"고 비난했습니다.
요한은 "이렇게 말함은 가난한 자들을 생각함이 아니오 저는 도적이라 돈궤를 맡고 거기 넣는 것을 훔쳐감이러라"고 유다에 대하여 지적하였습니다. 또한 유다는 자기의 마음을 다스리지 못했습니다. 가룟 유다가 주님을 팔기까지의 과정을 보면 우리가 죄를 지을 때의 과정과 같다는 것을 알게 됩니다(요13:2). "마귀가 벌써 시몬의 아들 가룟 유다의 마음에 예수를 팔려는 생각을 넣었더니"라고 기록한 것을 보면 먼저 마귀는 우리의 마음에 생각을 집어넣습니다. 또한 유다는 돌이킬 수 없는 결론을 내려버렸습니다. 자책으로 인한 자살로 생을 마감했던 것입니다.

또 다른 배신 베드로의 부인

어떠한 일이 있더라도 예수를 부인하지 않겠다고 단언하던(33절) 베드로는 막상 생명이 위협당하는 상황에서 자신의 약속을 파기하고 말았습니다. 이것은 결국 하나님의 뜻대로 사는 일이 인간적 혈기나 능력으로서가 아니라 오직 성령의 충만하신 임재의 능력으로만 가능하다는 사실을 시사해주고 있습니다. 베드로는 닭 울음소리를 듣고 예수님의 말씀(34절)이 생각나 바로 통곡하며 회개했습니다. 닭 울음소리에 자신의 나약함을 발견한 베드로를 통하여, 비록 유혹을 받는다 할지라도 우리의 영혼 속에 하나님의 은총의 원리가 살아있으면 하나님은 그 원리를 통해 다시금 하나님 곁으로 돌아오게 해주신다는 사실을 암시해 주고 있습니다. 또한 누가복음에 의하면, 닭이 우는 그 순간 베드로는 예수님과 눈이 마주쳐 불현 듯 예수님의 경고가 생각났다고 나와 있습니다(눅22:81). 이것은 결국 자신의 생명이 다하는 순간까지도 연약한 제자의 형편을 돌아보시고 연민의 정을 쏟아주시는 예수님의 초월적인 사랑을 나타냅니다.

[꼼지락 꼼지락]

[예수님을 만나는 시간을 가져요]

우리 아이들의 하루 중에 시간을 정하여 예수님을 만나는 시간을 만들어보는 활동입니다. 시간의 많고 적음보다 단 1분이라도 진실한 마음으로 예수님과 만남의 시간을 갖도록 인도해 주세요. 또한 예수님과 만나는 방법은 기도, 말씀읽기, 찬송 등이 있습니다.

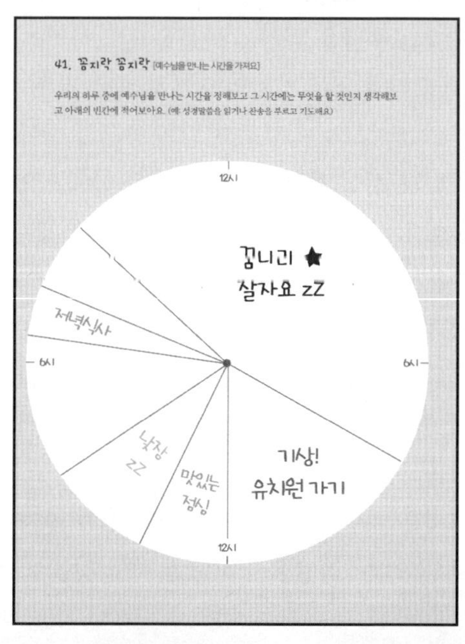

42과 십자가를 지신 예수님

1. **성경본문** | 마가복음 15:1-39

2. **외울 말씀** | 예수를 향하여 섰던 백부장이 그렇게 숨지심을 보고 이르되 이 사람은 진실로 하나님의 아들이었도다 하더라 (마가복음 15장 39절)

3. **리더들의 외침** | 십자가의 예수님을 기억하며 감사하자!

4. **공과 주제** |
   1. 예수님은 온갖 조롱과 멸시를 견디시고 십자가를 지셨어요.
   2. 아무런 죄가 없으신 예수님은 우리를 위해 십자가에서 희생하셨어요.
   3. 예수님은 하나님의 아들이에요!

[공과 짜임새]

구분	시간	교사지침	준비물
1. 속닥속닥	10분	하나님과 대화하며 짧은쪽지 남기기	성경책 필기도구 포스트잇 종이 시계
2. 성경이야기 들려주세요	10분	예수님의 십자가 사건 살펴보기	
3. 말씀살피기	10분	예수님의 십자가 사랑 되새기기	
4. 꼼지락 꼼지락	10분	죄 떨어뜨리기 게임	

[이렇게 시작하세요]

우리가 교회를 다니며 가장 많이 보게 되는 것 중에 하나가 바로 십자가입니다. 우리 아이들은 십자가를 볼 때, 어떤 생각이 떠오를까요? 떠오르는 생각이 어떤 것이든 좋습니다. 아이들이 자유롭게 나눠볼 수 있도록 해주세요. 십자가를 보며 목걸이나 귀걸이 같은 악세사리가 생각나는 아이도 있을 것이고, 나무로 만든 십자가 때문에 나무가 생각나거나 기도하는 모습 등이 생각날 수도 있을 것입니다. 아마도 우리 아이들의 기억에 가장 인상깊었던 장면이 떠오르겠지요.

그런데 십자가를 생각할 때, 우리는 예수님의 희생을 잊어서는 안 됩니다. 예수님은 아무 죄도 없이 십자가 달려 죽으시고 이를 통해 우리를 향한 완전한 사랑을 보여주셨으며 우리는 예수님을 믿으면 구원을 받게 되었습니다.

우리 아이들이 오늘 예수님의 십자가 사건을 배우며 예수님이 십자가를 지신 이유와 우리에게 주는 의미를 깨달아 진정으로 예수님의 십자가 사랑을 감사하는 마음을 갖기를 바랍니다.

1. 속닥속닥 "하나님, 있잖아요"

이 부분은 아이들이 말씀을 듣기 전, 하나님과 대화하는 시간입니다. 본격적인 성경이야기가 시작되기 전에 아이들이 하나님과 친밀한 시간을 가지고 자유롭게 생각하면서 하나님께 하고 싶은 이야기를 적을 수 있도록 도와주세요. 아이들이 써내려가는 이야기의 내용은 속상한 마음일 수도 있고 회개의 마음일 수도 있고 궁금한 마음일 수도 있습니다.

이 부분에서는 아이들이 적은 내용을 확인하기보다는 진솔한 이야기를 적을 수 있도록 독려해주시고 작성이 끝난 후에는 아래의 오늘 읽어주실 말씀을 읽어주시고 멘트를 한번 더 읽어주셔서 아이들의 마음 속에 '하나님은 나를 가장 잘 아시고 가장 많이 사랑하시는 분'이라는 사실을 느낄 수 있도록 해주세요. 이 시간을 통해 우리 아이들이 하나님의 깊고 넓은 사랑을 가득 느낄 수 있기를 소망합니다.

<오늘 읽어주실 말씀과 멘트>

그런즉 사랑하는 자들아 이 약속을 가진 우리는 하나님을 두려워하는 가운데서 거룩함을 온전히 이루어 육과 영의 온갖 더러운 것에서 자신을 깨끗하게 하자 (고린도후서 7장 1절)

"그러므로 사랑하는 여러분, 이 약속을 가진 우리는 하나님을 두려워하는 가운데서 온전히 거룩하게 되어 육과 영의 모든 더러움에서 떠나서 자신을 깨끗하게 합시다."

2. 성경이야기 들려주세요

대제사장들은 아무 죄가 없으신 예수님을 끌고 가서 총독 빌라도에게 넘겨주었어요. 총독은 끌려온 사람을 풀어줄 수도, 벌을 줄 수도 있는 있는 사람이에요.

빌라도가 예수님께 물었습니다. "네가 유대인의 왕이냐?"

그러자 예수님은 말씀하셨어요. "네 말이 옳다"

많은 사람들은 예수님이 벌을 받기 원했고 빌라도는 예수님께 죄를 찾지 못했지만 사람들이 원하는 대로 십자가에 못 박히도록 넘겨주었어요. 그리고 그들은 예수님께 자주색 옷을 입히고 가시관을 엮어 씌운 후 "유대인의 왕 만세!"라고 외치며 예수님을 조롱했어요. 한편, 병사들은 그곳을 지나가던 구레네 사람 시몬이라는 사람에게 예수님과 같이 십자가를 지고 가게 했고 그들은 골고다 언덕으로 갔습니다.

예수님의 십자가 위에 죄가 써져있는 패에는 '유대인의 왕'이라고 적혀있었어요. 그들은 예수님이 왕으로 오신 것을 믿지 않고 예수님이 거짓말을 했다고 믿었기 때문입니다. 예수님은 강도들과 함께 십자가에 못 박히셨는데 사람들은 지나가면서 예수님께 욕을 퍼붓고 멸시하며 십자가에서 내려와 보라고 모욕했어요. 한편, 십자가에서 고통 받으시던 예수님께서 소리를 지르셨어요.

"엘리 엘리 라마 사박다니"

이 말은 "나의 하나님, 나의 하나님 어찌하여 나를 버리셨나이까"라는 뜻인데, 예수님께서는 큰 소리를 지르시고 숨을 거두셨어요. 그러자 성전의 휘장이 위에서 아래까지 찢어져서 둘로 나뉘었어요. 이를 본 사람들은 그제야 예수님이 하나님의 아들이라는 것을 알게 됐습니다. 이것이 바로 예수님의 십자가 사건이에요. 우리 모두 나를 위한 예수님의 희생을 기억하며 감사하는 친구들이 되도록 해요.

[확인하기] 아래 장면을 성경 이야기 들은 내용의 순서에 맞게 번호를 매겨 봅시다.

3. 말씀살피기

1. 예수님께서 십자가에 못 박혀 돌아가시기는 것을 모두 지켜보았던 백부장은 어떻게 고백했나요? 아래의 제시된 단어 중 옳은 것을 선택하여 문장을 완성해보세요.

이 (아들은 / 사람은) 진실로 (하나님 / 예수님)의 (사람 / 아들)이었도다.

2. 아래 상자에서 오늘 말씀과 관련있는 단어 3가지를 찾아보세요.

십재가 십장가 십자자 십지기 심자가 십자기 싱지기 싱자가 십가가
십자자 십고가 십가가 신자가 십자기 싱지기 싱자가 십지가 십가가
십자자 십고가 십가가 십자가 싱지기 싱지기 십지기 심자가 십자기
간사 김시 간자 감자 김시 감시 간사 감지 긴자 김시 감사 김시 간상
간사 김시 간자 감자 김시 감시 간사 김시 간사 김시 간자 감자 김시
시러 시링 시랑 산랑 살랑 신린 사란 사람 시링 사람 사란 산란 신린
살랑 신린 사란 사람 시링 사란 산란 신린 시란 사랑 사람 산랑 시러

[말씀살피기 가이드]

[1번 문제] 문제를 다 풀어본 후 마가복음 15장 39절 말씀을 같이 읽으며 마무리합니다. 백부장의 고백처럼 예수님은 하나님의 아들이고, 하나님께서 우리를 너무 사랑하셔서 독생자 예수 그리스도를 이 세상으로 보내시고 하나님의 뜻을 이루기 위한 십자가 사건이라는 것을 알려주고 이 후에도 계속 하나님의 뜻이 이루어지기 위한 놀라운 일들이 일어날 거라는 것을 알려주세요.

[2번 문제] 오늘 말씀을 통해 우리는 예수님이 십자가에 달리신 의미와 우리를 죽기까지 사랑하신 그 사랑, 그리고 그 사랑에 대한 감사에 대해 배웠습니다. 아이들이 오늘 말씀의 핵심 키워드를 찾아보며 예수님의 사랑을 기억하고 감사하는 마음을 갖게 되기를 바랍니다.

[참고자료]

예수님의 십자가 사건의 의미

예수님의 십자가 사건은 크게 세 가지 의미로 나눠볼 수 있습니다. 첫째, 대속(Atonement)의 의미입니다. 예수님은 구약의 희생양이 되셔서 우리의 죄를 대신하는 속죄물이 되셨습니다. 하지만 매번 반복적인 희생 제사가 아닌 단번에 완전한 속죄를 이루셨습니다. 예수님은 우리가 받아야 할 죄의 형벌을 대신 받으신 것입니다. 이로인해 우리는 하나님께 나아갈 길을 얻게 되었습니다.

우리가 알거니와 우리의 옛 사람이 예수와 함께 십자가에 못 박힌 것은 죄의 몸이 죽어 다시는 우리가 죄에게 종 노릇 하지 아니하려 함이니 이는 죽은 자가 죄에서 벗어나 의롭다 하심을 얻었음이라(롬6:6~7)

둘째, 하나님과 화목(Reconciliation)함의 의미가 있습니다.

인간이 죄를 범하였으므로 하나님과 원수가 되었고 예수님의 대속으로 화목하게 되었으며(롬 3:25) 그로인해 우리는 하나님의 자녀(양자)의 자격을 얻게 되었습니다(롬 8:15).

그의 십자가의 피로 화평을 이루사 만물 곧 땅에 있는 것들이나 하늘에 있는 것들이 그로 말미암아 자기와 화목하게 되기를 기뻐하심이라(골1:20)

또 십자가로 이 둘을 한 몸으로 하나님과 화목하게 하려 하심이라 원수 된 것을 십자가로 소멸하시고(엡2:16)

셋째, 의인(Justification)됨의 의미가 있습니다.

예수님의 십자가에서 죽으심으로 우리는 구속받아 죄에서 자유로워졌습니다.

이런 하나님의 은혜로 우리는 비록 의인이라 할 수 없지만, 하나님께서는 의인으로 봐주시겠다는 인정을 받게 되었습니다. 그것은 죄에 대한 완전한 해결의 길이 예수 그리스도의 십자가의 보혈의 공로로 가능케 되었습니다.

모든 사람이 죄를 범하였으매 하나님의 영광에 이르지 못하더니 그리스도 예수 안에 있는 속량으로 말미암아 하나님의 은혜로 값없이 의롭다 하심을 얻은 자 되었느니라(롬3:23~24)

백부장의 고백

예수님께서는 아무 흠도 죄도 없으신 분인데 '유대인의 왕'이라는 죄명을 씌워 온갖 조롱과 멸시를 당하시고 십자가에 못 박혀 돌아가셨습니다. 그렇게 사람들은 예수님이 하나님의 이름을 욕되게 하고 자신이 하나님의 아들이라고 했다는 것에 대해서 광분을 했습니다.

예수님께서는 끝까지 참으시다가 마지막 말씀(엘리 엘리 라마 사박다니)을 마치시고 소리를 한 번 크게 지르고 돌아가셨습니다. 그 순간 성소의 휘장이 위에서부터 아래까지 찢어져 둘로 나뉘었습니다. 마태복음에는 더 자세하게 나와 있는데, '성소 휘장이 위로부터 아래까지 찢어져 둘이 되고 땅이 진동하며 바위가 터지고 무덤들이 열리며 자던 성도의 몸이 많이 일어나'라고 나와 있습니다(마27:51-52). 그 현장을 처음부터 끝까지 지켜봤던 백부장은 예기치 못하게 고백을 합니다. "이 사람은 진실로 하나님의 아들이었도다."

그렇다면 예수님은 아무런 죄가 없었다는 것을 증명해 보이는 것이고 그리스도에게 모욕을 준 사람들을 부끄럽게 만드는 발언이었습니다. 이로써 예수님의 죄패에 붙어있었던 '유대인의 왕'이라는 것은 더 이상 죄명이 아니라 사실로 증명된 것입니다.

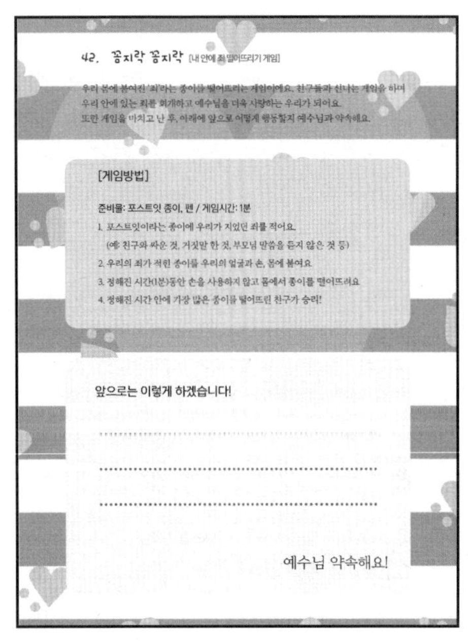

42. 꼼지락 꼼지락 [내 안에 죄 떨어뜨리기 게임]

우리 몸에 붙어진 '죄'라는 종이를 떨어뜨리는 게임이에요. 친구들과 신나는 게임을 하며 우리 안에 있는 죄를 회개하고 예수님을 더욱 사랑하는 우리가 되어요.
또한 게임을 마치고 난 후, 아래에 앞으로 어떻게 행동할지 예수님과 약속해요.

[게임방법]

준비물: 포스트잇 종이, 펜 / 게임시간: 1분

1. 포스트잇이라는 종이에 우리가 지었던 죄를 적어요.
   (예: 친구와 싸운 것, 거짓말 한 것, 부모님 말씀을 듣지 않은 것 등)
2. 우리의 죄가 적힌 종이를 우리의 얼굴과 손, 몸에 붙여요.
3. 정해진 시간(1분)동안 손을 사용하지 않고 몸에서 종이를 떨어뜨려요.
4. 정해진 시간 안에 가장 많은 종이를 떨어뜨린 친구가 승리!

앞으로는 이렇게 하겠습니다!

....

....

....

예수님 약속해요!

[꼼지락 꼼지락]

[내 안에 죄 떨어뜨리기 게임]

오늘 배운 내용을 재미있는 게임으로 풀어보는 시간입니다. 게임방법은 왼쪽의 그림에 제시되어 있습니다. 아이들의 승부욕으로 자칫 서로 마음 상하는 일이 생길 수 있으니 게임의 승부보다 게임에 참여하는 자세에 기쁨을 느끼도록 선생님께서 잘 인도해주시길 바랍니다.

43과 부활의 예수님

1. **성경본문** | 마가복음 16:1-20

2. **외울 말씀** | 놀라지 말라 너희가 십자가에 못 박히신 나사렛 예수를 찾는구나 그가 살아나셨고 여기 계시지 아니하니라 보라 그를 두었던 곳이니라 (마가복음 16장 6절)

3. **리더들의 외침** | 부활하신 예수님의 이름을 온 땅 가득히 전하라!

4. **공과 주제** |
   1. 예수님께서 3일 만에 부활하셨어요.
   2. 예수님으로 인해 새 생명을 얻고 구원받은 하나님의 자녀로 살아가요.

[공과 짜임새]

구분	시간	교사지침	준비물
1. 속닥속닥	10분	하나님과 대화하며 짧은쪽지 남기기	성경책 필기도구
2. 성경이야기 들려주세요	10분	십자가에 못 박혀 돌아가시고 3일 만에 부활하신 예수님 살펴보기	
3. 말씀살피기	10분	부활하신 예수님을 함께 기뻐하기	
4. 꼼지락 꼼지락	10분	우리의 모습 점검하고 다짐하기	

[이렇게 시작하세요]

이 시간에는 부활하신 예수님을 기뻐하며 우리의 입술로 고백해보는 시간을 가져봅시다. 한 사람씩 돌아가며 예수님의 부활을 말로 표현해보도록 해보세요. 처음엔 어색하고 쑥스러워 할 수도 있지만 먼저 선생님께서 시범을 보여주시면 아이들이 훨씬 더 수월하게 표현할 수 있을 것입니다.
"예수님, 감사해요!", "예수님, 사랑해요!", "예수님, 기뻐요!", "예수님, 보고싶어요!" 등으로 표현할 수도 있고 아이들 나름의 또 다른 표현 방법이 있을 수도 있습니다.
예수님의 부활은 우리에게 아주 중요한 것입니다. 예수님의 부활은 죄와 사망의 권세를 이겨내신 승리를 의미하는 것이며 이로 인해 우리도 예수님을 믿으면 죽지 않고 영원히 주님과 함께 살게 됩니다. 이번 시간을 통하여 우리 아이들이 예수님의 부활이 우리에게 얼마나 중요한 것인지 깨닫고 또한 예수님의 부활은 소설이나 허구의 이야기가 아니라 실제로 일어난 사실이라는 것을 깨닫게 되기를 바랍니다.

1. 속닥속닥 "하나님, 있잖아요"

이 부분은 아이들이 말씀을 듣기 전, 하나님과 대화하는 시간입니다. 본격적인 성경이야기가 시작되기 전에 아이들이 하나님과 친밀한 시간을 가지고 자유롭게 생각하면서 하나님께 하고 싶은 이야기를 적을 수 있도록 도와주세요. 아이들이 써내려가는 이야기의 내용은 속상한 마음일 수도 있고 회개의 마음일 수도 있고 궁금한 마음일 수도 있습니다.
이 부분에서는 아이들이 적은 내용을 확인하기보다는 진솔한 이야기를 적을 수 있도록 독려해주시고 작성이 끝난 후에는 아래의 오늘 읽어주실 말씀을 읽어주시고 멘트를 한번 더 읽어주셔서 아이들의 마음 속에 '하나님은 나를 가장 잘 아시고 가장 많이 사랑하시는 분'이라는 사실을 느낄 수 있도록 해주세요. 이 시간을 통해 우리 아이들이 하나님의 깊고 넓은 사랑을 가득 느낄 수 있기를 소망합니다.

<오늘 읽어주실 말씀과 멘트>

마지막으로 말하노니 형제들아 기뻐하라 온전하게 되며 위로를 받으며 마음을 같이하며 평안할지어다 또 사랑과 평강의 하나님이 너희와 함께 계시리라 거룩하게 입맞춤으로 서로 문안하라 (고린도후서 13장 11절)

"마지막으로 말하는 것은 형제자매 여러분, 기뻐하십시오. 온전하게 되기를 힘쓰고 위로를 받으며 같은 마음을 품으며 평안하십시오. 또한 사랑과 평강의 하나님이 여러분과 함께 계실 것입니다."

2. 성경이야기 들려주세요

예수님께서 돌아가시자 아리마대 사람 요셉은 빌라도를 찾아가 예수님의 시체를 달라고 하여 예수님의 시체를 세마포로 싸서 바위 속에 무덤을 넣어두고 돌을 굴려 무덤 문에 놓았어요.

안식 후 첫날, 예수님을 따르던 여인들은 예수님의 무덤을 찾아갔습니다. 그런데 문 앞에 놓았던 돌이 굴려져 있었어요. 그리고 그 안에는 흰 옷을 입은 한 청년이 앉아 있었어요. 그 청년은 예수님을 보려고 찾아간 여인들에게 말했어요. "놀라지 말아라. 너희가 십자가에 못 박히신 나사렛 예수를 찾는구나. 그가 살아나셨고 여기 계시지 않는다. 보라 그를 두었던 곳이다."

여인들은 매우 놀라 무덤에서 도망쳤습니다. 그리고 너무 무서워서 아무에게도 말하지 못했어요.

예수님께서는 살아나신 후, 전에 일곱 귀신을 쫓아내어 주신 막달라 마리아에게 제일 먼저 나타나셨어요. 그래서 마리아는 예수님과 함께 하던 사람들이 슬퍼서 울고 있을 때 이 일을 알렸습니다. 그러나 아무도 믿지 않았어요. 그 후에 부활하신 예수님께서 믿지 않았던 사람들에게 다른 모양으로 나타나셨지만 믿지 않았어요. 그러자 이번엔 예수님께서 직접 제자들에게 나타나셨어요. 열 한 제자들이 음식을 먹고 있을 때, 예수님께서 제자들에게 나타나셔서 그들이 믿음이 없고 마음이 무딘 것을 꾸짖으셨습니다. 그리고 예수님께서는 제자들에게 이렇게 말씀하셨어요. "너희는 온 세상에 나가서 만민에게 복음을 전파하여라." 그리고 예수님을 믿고 세례를 받는 사람은 구원을 얻고, 예수님의 이름으로 귀신을 쫓아내며, 새 방언으로 말하며, 절대로 해를 입지 않으며, 아픈 사람들에게 손을 얹으면 나을 것이라고 말씀하셨어요. 이 말씀을 마치신 후 예수님은 하늘로 들려 올라가셔서 하나님의 오른쪽에 앉으셨어요. 그리고 제자들은 예수님의 말씀을 듣고 복음을 전파했습니다. 예수님은 이 세상에 오셔서 온갖 핍박을 견디시고 십자가에 못 박혀 돌아가셨어요. 그런데 거기서 끝이 아니었어요. 죽은지 사흘 만에 부활하심으로 우리에게도 새 생명을 허락하셨답니다. 예수님의 부활을 함께 기뻐하며 감사하는 우리가 되어요!

[확인하기] 아래 장면을 성경 이야기 들은 내용의 순서에 맞게 번호를 매겨 봅시다.

3. 말씀살피기

1. 아래의 암호를 풀어 성경말씀을 찾아보고 함께 큰소리로 읽어보아요.

1 마	2 태	3 한	4 7절	5 16절
6 15절	7 극	8 미	9 가	10 1장
11 5장	12 18절	13 해	14 누	15 16장
16 녹	17 새	18 복	19 구	20 5장
21 음	22 17절	23 2장	24 두	25 6절

암호 힌트								
1	9	18	21	15	6	5	22	12

정답	마가복음 16장 15절, 16절, 17절, 18절

2. 아래 그림에는 글자가 숨겨져 있어요.
오늘 말씀의 주제를 기억하며 숨겨진 글자를 찾아 색칠해 보아요.

[말씀살피기 가이드]

[1번 문제]
아이들과 재미있는 암호풀기를 한 후에 마가복음 16장 15~18절을 함께 마음모아 읽어보도록 합니다.

[2번 문제]
오늘 말씀에서 예수님은 십자가에서 돌아가신 후 다시 부활하셨습니다. 함께 숨겨진 글자를 찾아보고 색칠하면서 부활하신 예수님을 기뻐하는 시간이 되기를 소망합니다.

[참고자료]

부활과 마지막 소명

기독교는 부활의 종교입니다(행 2:23-24; 10:39-41; 롬 1:4). 예수님은 구속사역의 완성을 이루셨고, 그로 인한 결과로 부활의 열매를 맺게 되었습니다. 바울은 부활이 없으면 모든 것이 헛 것이요, 헛 믿음이라 말할 정도로 부활은 이만큼 중요한 요소입니다. 예수님의 부활은 우리를 사망에서 건져 생명으로 옮기실 수 있음을 보여준 사건입니다(요 11:25-26).
또한 이 부활이라는 말은 신약성경에서 무려 104회나 언급되고 있습니다. 그리스도의 부활은 참 인간으로 이 땅에 오셨음을 확인시켜 주는 동시에 사망에 매여 있을 수 없는 참 하나님이심을 보여주는 사건이기도 합니다(롬 1:3-4; 계 1:18).

그의 아들에 관하여 말하면 육신으로는 다윗의 혈통에서 나셨고 성결의 영으로는 죽은 자들 가운데서 부활하사 능력으로 하나님의 아들로 선포되셨으니 곧 우리 주 예수 그리스도시니라(롬1:3-4)

그리스도의 부활은 시편에 예언되었고(시 16:10-11; 행 13:34-35), 사도들에 의해 전파된 것이자(행 2:32; 3:15), 서신들의 핵심을 이루는 내용입니다(롬 10:9; 고전 15:4; 벧전 1:3).
그리고 그리스도이신 예수님께서 당신께서 직접 약속하신 말씀을 이루신 사건이고(요 6:39-40), 그분이 친히 그리고 미리 알리신 메시지입니다(마 16:21; 17:23; 20:19; 27:63; 막 9:9-10; 요 2:19-22).
예수 그리스도께서는 '나는 부활이요 생명이니 나를 믿는 자는 죽어도 살겠고 무릇 살아서 나를 믿는 자는 영원히 죽지 아니하리니'(요 11:25-26)라고 말씀하셨습니다.
부활은 또한 단순히 예수님의 제자들과 몇몇 사람들만 목격한 것이 아니라 당시 수많은 사람들에게 보이셨습니다. 그래서 오순절 성령강림 사건 이후 사도들이 복음을 전할 때, 이들은 본인들이 직접 목격한 부활하신 예수님을 증거하는 자로 부활의 증인들이라 불리기도 합니다. 성경에 기록된 부활의 목격자들을 간략히 살펴보면 막달라 마리아(막 16:9; 요 20:18), 여인들(마 28:9; 눅 24:10), 베드로(눅 24:34; 고전 15:5), 엠마오로 가는 두 제자(눅 24:13-15), 도마 이외의 열 사도들(눅 24:33-43; 요 20:20-24), 열한 사도들(마 28:16-17; 눅 24:50-51; 요 20:26), 일곱 사도들(요 21:1-2), 오백여 형제들(고전 15:4, 6), 야고보(고전 15:7), 다메섹 도상과 예루살렘 성전에서의 바울(행 9:3-6; 22:17-19; 23:11; 고전 15:8), 스데반 집사(행 7:55), 밧모 섬에 유배되었던 사도 요한(계 1:9-10) 등 헤아릴 수 없이 많은 자들에게 증거가 되셨습니다. 중요한 것은 예수님은 부활 후 하늘로 승천하시기 전까지 40일간 부활하신 육신을 입으신 상태에서 제자들에게 마지막 소명을 주셨고 함께하셨습니다. 그래서 성경에 기록된 자들 이외에 무수한 사람들이 예수님을 직.간접적으로 목격하였을 것이고, 이런 일들이 예루살렘과 온 유대에 큰 파란을 일으켰을 것입니다. 예수님은 이후 40일간 제자들에게 마지막 소명을 주시고 많은 사람들이 보는 가운데 하늘로 승천하십니다. 제자들에게는 모든 민족들을 제자 삼고 땅끝까지 복음의 증인이 될 사명을 주셨습니다.

[꼼지락 꼼지락]

[예수님의 부활로 인해 새생명을 얻은 우리 모습 점검하기]

새생명을 얻은 우리는 분명 우리가 그렇지 않았을 때와 모습이 달라야 합니다. 우리 아이들이 오늘 말씀을 통해 부활의 기쁨을 누리며 새생명을 얻은 사람으로 변화할 자신의 모습을 생각해보도록 인도해주세요.

주머니 안에는 변화된 사람으로 행해야 할 것들, 예를 들면 사랑, 섬김, 양보 등과 같은 것들이 있을 수 있고 주머니 밖에는 버려야 할 모습들, 예를 들면 미움, 질투, 잘난 척, 거짓말 등이 있을 수 있습니다. 아이들 나름대로 자신의 모습을 돌아보며 적을 수 있도록 도와주세요.

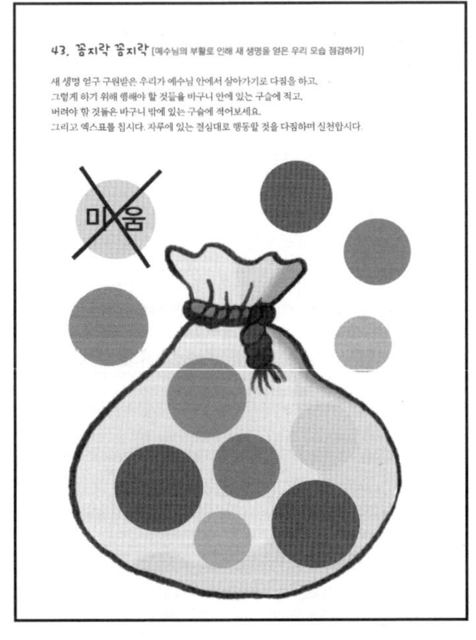

44과 하늘로 오르셨어요

1. **성경본문** | 사도행전 1:1-11

2. **외울 말씀** | 이르되 갈릴리 사람들아 어찌하여 서서 하늘을 쳐다보느냐 너희 가운데서 하늘로 올려지신 이 예수는 하늘로 가심을 본 그대로 오시리라 하였느니라 (사도행전 1장 11절)

3. **리더들의 외침** | 하늘로 올라가신 예수님을 기다려요!

4. **공과 주제** |
   1. 예수님께서는 하늘로 올리신 그 모습 그대로 다시 오실 거예요.
   2. 예수님이 당부하신 명령을 따라 복음을 전하는 어린이가 되어요.

[공과 짜임새]

구분	시간	교사지침	준비물
1. 속닥속닥	10분	하나님과 대화하며 짧은쪽지 남기기	성경책 필기도구
2. 성경이야기 들려주세요	10분	예수님께서 하늘로 올라가시 전 하신 말씀과 그 의미 살펴보기	
3. 말씀살피기	10분	예수님이 하늘로 올라가시기 전 하신 말씀 기억하기	
4. 꼼지락 꼼지락	10분	숨은 십자가 찾기	

[이렇게 시작하세요]

내일 예수님이 다시 오신다면, 우리 아이들은 오늘 무엇을 하며 예수님을 기다릴까요?
내일 예수님이 오신다면 오늘 하고 싶은 일에 대해 아이들에게 물어보세요. 그리고 다양한 생각을 함께 듣고 나눠봅시다.
물론 예수님이 언제 오시는지 아무도 알 수 없지요. 그렇기 때문에 우리는 늘 깨어 기도하며 예수님만 의지하며 살아가야 합니다. 다시 말하면 늘 주님 안에서 경건한 믿음생활을 해야 한다는 것이지요. 아이들의 나눔을 들어보시면서 각자가 생각한 이유에 대해서도 물어봐주세요. 그리고 모든 나눔이 마친 후에는 우리가 예수님 오심을 기다리며 언제나 믿음을 잘 지켜야 한다는 것을 말씀해주시면서 다시 오실 예수님을 기다리는 시간이 되길 바랍니다.

1. 속닥속닥 "하나님, 있잖아요"

이 부분은 아이들이 말씀을 듣기 전, 하나님과 대화하는 시간입니다. 본격적인 성경이야기가 시작되기 전에 아이들이 하나님과 친밀한 시간을 가지고 자유롭게 생각하면서 하나님께 하고 싶은 이야기를 적을 수 있도록 도와주세요. 아이들이 써내려가는 이야기의 내용은 속상한 마음일 수도 있고 회개의 마음일 수도 있고 궁금한 마음일 수도 있습니다.
이 부분에서는 아이들이 적은 내용을 확인하기보다는 진솔한 이야기를 적을 수 있도록 독려해주시고 작성이 끝난 후에는 아래의 오늘 읽어주실 말씀을 읽어주시고 멘트를 한번 더 읽어주셔서 아이들의 마음 속에 '하나님은 나를 가장 잘 아시고 가장 많이 사랑하시는 분'이라는 사실을 느낄 수 있도록 해주세요. 이 시간을 통해 우리 아이들이 하나님의 깊고 넓은 사랑을 가득 느낄 수 있기를 소망합니다.

<오늘 읽어주실 말씀과 멘트>
그에게서 온 몸이 각 마디를 통하여 도움을 받음으로 연결되고 결합되어 각 지체의 분량대로 역사하여 그 몸을 자라게 하며 사랑 안에서 스스로 세우느니라 (에베소서 4장 16절)

"예수님에게서 온 몸이 각 마디를 통하여 도움을 받고 연결되고 결합되고 각 지체는 그분량대로 활동하여 몸이 자라나며 사랑 안에서 몸이 건설됩니다."

2. 성경이야기 들려주세요

예수님은 부활하신 후 40일 동안 제자들과 함께하시면서 많은 사람들에게 하나님 나라의 일을 말씀하셨어요. 그리고 이제부터 성령으로 세례를 받을 것이라고 하셨습니다. 제자들은 예수님께서 이스라엘 나라를 회복하시는 날에 대해서 여쭈어보았지만 예수님께서는 때와 시기는 하나님 아버지의 권한이니 알 필요가 없다고 말씀하셨어요.

그때가 언제인지 알 수는 없지만 그때까지 예수님께서 우리에게 분부하신 일이 있어요. 그것은 바로 사도행전 1장 8절 말씀이에요.

"오직 성령이 너희에게 임하시면 너희가 권능을 받고 예루살렘과 온 유대와 사마리아와 땅 끝까지 이르러 내 증인이 되리라 하시니라"

예수님께서는 이 말씀을 마치시고 그들이 보는 앞에서 하늘로 올려 가셨습니다. 그런데 구름이 예수님을 가려 보이지 않게 되자 제자들은 더 이상 예수님의 모습을 볼 수 없었어요. 그래서 자세히 하늘을 쳐다보고 있는데 흰 옷을 입은 두 사람이 그들 곁에 서서 말했습니다. "갈릴리 사람들아 어찌하여 서서 하늘을 쳐다보느냐 너희와 함께 있다가 하늘로 올리신 이 예수는 너희가 하늘로 가심을 본 그대로 오실 것이다."

예수님께서는 하늘로 올리신 그 모습 그대로 다시 오신다고 하셨어요. 그런데 그 때가 언제인지는 알지 못한다고 하셨어요. 그래도 분명한 것은 그날이 올 때까지 예수님께서 맡기신 일을 잘 행해야 한다는 것입니다. 그렇다면 우리는 어떤 모습으로 기다려야 할까요? 예수님께서는 우리에게 분명하게 말씀하셨어요. 온 세상 땅 끝까지 예수님을 전하라고 말이지요. 다시 오실 예수님을 기대하고 소망하는 마음을 가지고 우리의 구원자 되신 예수님을 전하는 우리 모두가 되어요.

[확인하기] 아래 장면을 성경 이야기 들은 내용의 순서에 맞게 번호를 매겨 봅시다.

3. 말씀살피기

1. 예수님은 하늘로 올라가신 그 모습 그대로 다시 오신다고 말씀하셨어요. 다시 오실 예수님을 기대하면서 오늘 말씀과 관련있는 단어를 찾아 동그라미를 쳐보세요.

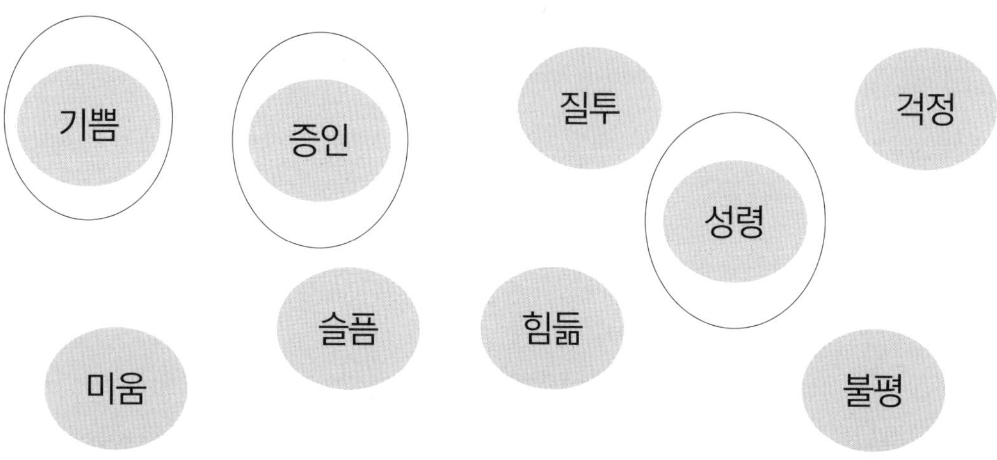

2. 아래에 나열된 말씀을 예수님께서 하늘로 올라가시기 전, 제자들에게 하신 말씀의 순서에 맞게 순서대로 이어보세요.

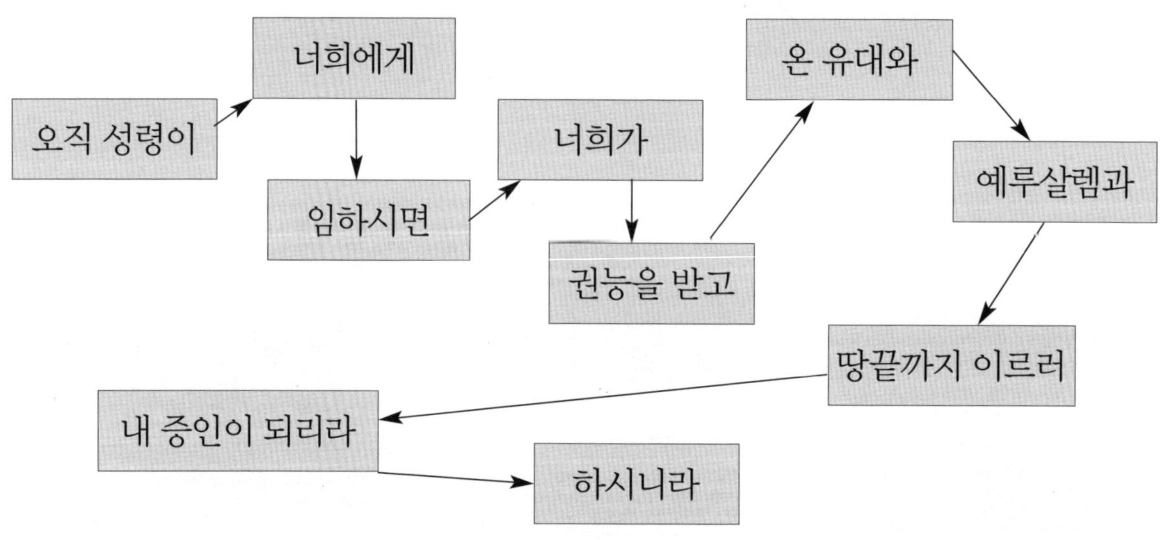

[말씀살피기 가이드]

[1번 문제]

예수님께서 제자들에게 당부하는 말씀을 마치신 후 하늘로 올라가셨습니다. 그리고 흰 옷을 입은 두 사람이 나타나 예수님께서 올라가신 그대로 다시 오실 것이라고 말했습니다(행 1:8-11). 예수 그리스도께서 그 모습 그대로 하늘에서부터 이 땅으로 오실 것을 떠올리며 감사하고 기대하는 마음을 갖도록 기도로 중보해주세요.

[2번 문제]

사도행전 1장 8절의 말씀을 찾아 말씀을 순서대로 연결해보는 문제입니다.
문장을 천천히 읽으며 이어가면서 말씀을 되새기고 기억할 수 있도록 도와주시고 우리 아이들이 예수님이 다시 오시는 그날까지 예수님을 전하는 증인된 삶을 살며 예수님께 칭찬받는 주님의 자녀가 되기를 기도해주세요.

[참고자료]

예수님의 승천과 재림

누가는 신약성경 기자들 중에서 예수님의 승천을 곁에서 목격한 사람의 입장에서 세부 정황을 알려주고 있습니다. 예수님은 제자들에게 증인의 사명을 주시고 그들이 보는 가운데 하늘로 올리셨습니다. 그때 구름이 주님을 가려 보이지 않게 되었지만 구약성경에서 구름은 하나님의 영광을 둘러싸고 비록 가려진 형태이긴 하지만 그 영광이 임재하고 있음을 가리켰습니다. 주님이 보이지 않게 되었을 때, 흰 옷을 입은 두 사람이 제자들에게 예수님은 하늘로 가신 그 모습 그대로 오실 것이라고 말했습니다.
다시오시는 예수님. 우리는 흔히 재림이라는 말을 사용합니다. 하지만 예수님의 재림을 나타내는 단어는 '강림'으로 번역된 헬라어 '파루시아'라는 단어입니다.
이 단어는 "가까이 하다, 옆에 있다, 도착했다, 참석하다, 준비되다"의 뜻을 가진 의미입니다. 전에 치욕 속에 재판을 받으신 예수님이 다시 오실 그때에는 영광 중에 심판하러 오실 것입니다. 이에 하나님께서는 우리에게 그리스도의 재림을 생각하며 피차 위로하라고 가르치고 계십니다.

[꼼지락 꼼지락]

[사도 베드로의 설교]

오늘 배운 말씀을 정리해보면서 재미있는 십자가 찾기를 해봅시다. 찾아야 할 십자가는 총 10개입니다. 아이들이 그림 찾기를 하면서 다시 오실 예수님을 소망하도록 오늘의 외울 말씀을 다시 한 번 읽어주셔도 좋습니다.

45과 성령님이 임하셨어요

1. 성경본문 | 사도행전 2:1-13

2. 외울 말씀 | 그들이 다 성령의 충만함을 받고 성령이 말하게 하심을 따라 다른 언어들로 말하기를 시작하니라 (사도행전 2장 4절)

3. 리더들의 외침 | 성령님은 우리와 늘 함께 하신다!

4. 공과 주제 |

1. 성령님이 임하시면 능력이 나타나요.
2. 성부, 성자, 성령은 삼위일체 하나님이에요.
3. 성령님은 숨결처럼 늘 우리와 함께 하시는 분이에요.

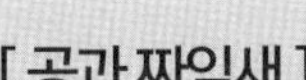

[공과 짜임새]

구분	시간	교사지침	준비물
1. 속닥속닥	10분	하나님과 대화하며 짧은쪽지 남기기	성경책 필기도구
2. 성경이야기 들려주세요	10분	성령님이 임하시면 어떤 변화가 일어나는지 살펴보기	
3. 말씀살피기	10분	성령충만함을 사모하는 우리 되기	
4. 꼼지락 꼼지락	10분	기도문 작성하기	

[이렇게 시작하세요]

우리 아이들에게도 사랑하는 사람이 있습니다. 가족, 친구, 형제, 자매 등. 그렇다면 아이들이 사랑하는 사람과 떨어지지 않고 함께할 수 있는 방법은 무엇이 있을까요? 아이들의 귀엽고 재미있는 나눔을 들어보세요. 아마 하루종일 아무데도 가지 않고 붙어있거나 사진을 가지고 다니면서 보고 싶을 때마다 보거나 아니면 계속 전화통화를 하며 목소리를 들으면 함께한다고 느낄 수 있겠죠.
아이들의 기상천외한 나눔을 모두 듣다 보면 공과모임의 분위기도 한층 더 밝아질 수 있을 것입니다. 오늘 말씀에서도 하나님과 함께하는 방법에 대해 나옵니다. 그런데 우리가 생각했던 것과는 조금 다르지요. 또한 성령님이라는 단어도 등장합니다. 대체 어떻게 하면 하나님과 하루종일 함께 있을 수 있고 또 성령님은 어떤 분이신지 아이들에게 궁금증을 던져주시면서 오늘 말씀을 시작해주셔도 좋습니다. 그리고 오늘 말씀을 통하여 우리와 언제나 함께하시는 성령님을 느끼고 이해하게 되기를 소망합니다.

1. 속닥속닥 “하나님, 있잖아요”

이 부분은 아이들이 말씀을 듣기 전, 하나님과 대화하는 시간입니다. 본격적인 성경이야기가 시작되기 전에 아이들이 하나님과 친밀한 시간을 가지고 자유롭게 생각하면서 하나님께 하고 싶은 이야기를 적을 수 있도록 도와주세요. 아이들이 써내려가는 이야기의 내용은 속상한 마음일 수도 있고 회개의 마음일 수도 있고 궁금한 마음일 수도 있습니다.
이 부분에서는 아이들이 적은 내용을 확인하기보다는 진솔한 이야기를 적을 수 있도록 독려해주시고 작성이 끝난 후에는 아래의 오늘 읽어주실 말씀을 읽어주시고 멘트를 한번 더 읽어주셔서 아이들의 마음 속에 ‘하나님은 나를 가장 잘 아시고 가장 많이 사랑하시는 분’이라는 사실을 느낄 수 있도록 해주세요. 이 시간을 통해 우리 아이들이 하나님의 깊고 넓은 사랑을 가득 느낄 수 있기를 소망합니다.

<오늘 읽어주실 말씀과 멘트>
그러므로 너희는 하나님이 택하사 거룩하고 사랑 받는 자처럼 긍휼과 자비와 겸손과 온유와 오래 참음을 옷 입고 누가 누구에게 불만이 있거든 서로 용납하여 피차 용서하되 주께서 너희를 용서하신 것 같이 너희도 그리하고 이 모든 것 위에 사랑을 더하라 이는 온전하게 매는 띠니라 (골로새서 3장 12~14절)

“그러므로 여러분은 하나님이 택하셔서 거룩하고 사랑받는 사람처럼 긍휼과 자비와 겸손함과 온유함과 오래참음을 옷 입고 누가 누구에게 불만이 있더라도 서로 용납하고 서로 용서함으로 주님께서 여러분을 용서하신 것과 같이, 여러분도 서로 용서하십시오. 그리고 이 모든 것 위에 사랑을 더하십시오. 사랑은 온전하게 매는 띠입니다.”

2. 성경이야기 들려주세요

오순절에 예수님의 제자들이 다 같이 모여 있었어요. 그때, 갑자기 하늘에서 급하고 강한 바람이 부는 것 같은 소리가 나더니 그들이 앉아 있는 온 집안을 가득 채웠어요. 그리고 불길이 솟아오를 때 혓바닥처럼 갈라지는 것들이 제자들에게 보이더니, 각 사람 위에 하나씩 임하였어요. 그리고 그들은 모두 성령의 충만함을 받고 성령이 말하게 하시는 대로 다른 언어들로 말하기 시작했어요.

한편, 경건한 유대인들이 세계 각국에서 와 예루살렘에 머물고 있었는데 제자들의 말소리를 듣고는 각각 자기들의 지방말로 말하는 것을 듣고 어리둥절했어요. 제자들은 성령님이 시키시는 대로 하나님의 일을 말한 것이에요. 그래서 그들은 놀라고 당황했어요. 또 어떤 사람들은 그들이 술에 취해서 그러는 거라고 말했어요. 제자들은 성령의 충만함을 받고 성령이 말하게 하셨다고 했는데 성령이 무엇일까요? 하나님을 삼위일체 하나님이라고 하는데 성부는 아버지 하나님, 성자는 아들 예수님, 성령은 하나님의 영이에요. 우리가 믿는 하나님은 한분이지만 세 위격을 갖고 계신 분이세요.

구약시대에 쓰였던 히브리어 말에 ‘루아흐(ruach)’ 라는 단어가 있어요. 루아흐는 ‘성령’으로 번역할 수 있는데, ‘숨결’로도 번역할 수 있어요. 숨결은 우리 눈에 보이지는 않지만 우리는 늘 숨을 쉬기 때문에 숨결이 있다는 것을 알아요. 이처럼 성령도 우리 눈에는 보이지 않지만 숨결처럼 우리 안에 늘 존재하시면서 우리의 연약함을 도와주시고 우리의 필요를 채워주시는 분이에요. 우리 친구들도 언제나 성령님과 함께하며 성령님의 인도하심대로 따라가기를 바라요.

[확인하기] 아래 장면을 성경 이야기 들은 내용의 순서에 맞게 번호를 매겨 봅시다.

3. 말씀살피기

1. 다음에서 제시하는 힌트를 보고 무엇을 말하고 있는지 써보세요.

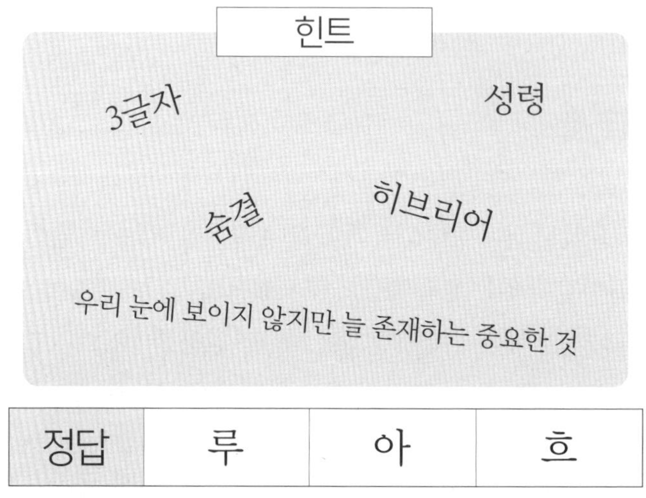

2. 아래의 그림은 성령충만한 우리들의 모습이에요. 근데 딱 한 명만 다른 행동을 하고 있네요. 아래의 그림에서 성령님과 함께하는 모습이 아닌 친구의 모습을 찾아보아요.

[말씀살피기 가이드]

[1번 문제]

히브리어 '루아흐'는 '성령'으로 번역할 수 있고 '숨결'로도 번역할 수 있습니다.
숨결은 우리 눈에 보이지는 않지만 우리는 늘 숨을 쉬기 때문에 숨결이 우리 모두에게 있다는 것을 의심하지 않습니다. 이처럼 성령님도 우리 눈에는 보이지 않지만 숨결처럼 우리 안에 늘 존재하고 계신다는 것을 아이들에게 가르쳐주세요.
아이들이 어려운 히브리 단어를 굳이 알 필요는 없겠지만 그래도 독특한 히브리어 한 단어를 배웠다는 자부심을 갖게 해주세요. 이 단어는 어른도 잘 모르는 단어라고 얘기해주세요.
단어의 뜻이나 어원보다 늘 함께하시는 거룩하신 성령님께서 우리 곁에 항상 존재하신다는 사실을 잘 알려주시길 바랍니다.

[2번 문제]

아이들은 오늘 말씀을 통해 성령님이 어떤 분이신지에 대해 배웠습니다. 그렇다면 성령님과 함께하는 우리의 모습은 어떤 모습이어야 할까요? 이번 문제를 풀어보면서 자신의 모습을 돌아보고 또한 우리의 모습이 교회에서 뿐만 아니라 세상 가운데에서도 예수님의 빛을 비추는 멋진 빛의 자녀의 모습이 되기를 바랍니다.

[참고자료]

초대교회 성령의 역사
사도행전에 다락방에서 임한 성령님의 강림하심은 유대의 절기인 오순절이 이미 이른 때였습니다. 이 오순절은 일주일의 첫날이었습니다. 그것은 그날을 기독교의 안식일로 확고하게 해주었으며 그날에 그리스도가 부활하시고 성령이 강림하셨다는 두 가지 위대한 사실을 교회가 영원히 기억하게 하였습니다. 성령께서는 태초부터 계신 거룩한 하나님의 영이셨지만, 보다 강력한 영권으로 임한 것은 오순절 다락방에서 기도한 120명의 사도들과 제자들에게 였습니다.
성령의 역사로 제자들은 권능을 받고, 불이 혀같이 갈라지는 체험과 각기 다른 언어로 말하게 되는 능력으로 수많은 사람들에게 주님의 복음을 증거하였습니다.
또한, 초대교회 많은 제자들이 복음을 전할 때 주도적으로 이끄시며 활동하셨습니다. 그 성령님은 지금도 동일하게 행하시는 하나님이십니다.

삼위일체 하나님

삼위일체는 성경에 기록된 하나님의 성품과 존재하심을 신학적으로 혹은 교리적으로 체계화한 하나님에 대한 신학적 정의라 볼 수 있습니다. 삼위일체는 하나님은 한분이시지만 성부, 성자, 성령 하나님의 세 '위격'을 나타낸다는 교리입니다.

하지만 아무리 하나님께서 이 세 가지 '위격' 또는 '실체'를 가진다고 말해도 그 의미를 제대로 묘사하긴 어려운 일입니다. 특별히 성부와 성자의 개념까지는 이해하기 어렵지 않습니다. 왜냐하면 성경에 성부와 성자와의 관계와 사역에 대해 명확히 기록하고 있기 때문입니다.

성경은 예수님이 오시기 이전부터 영존하시는 하나님의 본체로 기록하고 있습니다(요한복음 1:1~5, 빌립보서 2:5~8). 도마는 부활한 예수님을 '나의 주님이시요 나의 하나님'이시라고 고백하기도 하였습니다. 이처럼 신약에서 예수님은 하나님의 아들로 묘사하고 있습니다.

하지만 성령님은 이해하기가 어려운데, 성경은 성령님을 하나님의 권능이 인격화된 것으로 기록하고 있습니다. 또한 성령님은 믿는 자들에게 성령의 은사를 통해 하나님의 은혜를 주시고 이웃에게 베푸는 데 사용할 수 있는 은사를 주신다고도 기록하고 있습니다.

마태복음 28장 19절에는 "아버지와 아들과 성령의 이름으로 세례를 베풀라"고 말하고 있습니다. 또한 고린도후서의 맨 끝에는 '삼위일체 축복'이 나옵니다. "예수 그리스도의 은혜와 하나님의 사랑과 성령의 교통하심이 너희 무리와 함께 있을지어다." 이 문구는 예배를 마칠 때 목사가 선포하는 축도로 사용되고 있습니다. 사실, 삼위일체라는 말은 성경에 나오지는 않습니다. 기원 후 200년경 라틴 신학자인 테르툴리아누스가 신을 설명하기 위해 트리니타스(trinitas)라는 말을 만들어낸 것이 그 시초입니다.

[꼼지락 꼼지락]

[하나님께 기도문 작성하기]

우리와 항상 함께하시는 성령님을 의지하며 기도문을 작성해보는 활동입니다. 오른쪽의 그림처럼 손에 적힌 방법의 순서에 맞게 기도문을 작성할 수 있도록 선생님께서 옆에서 함께 도와주세요. 또한 아이들이 마음을 표현하는 것에 서툴 수 있으니 아이들이 짧게 쓰더라도 격려해주시고 칭찬해주세요.

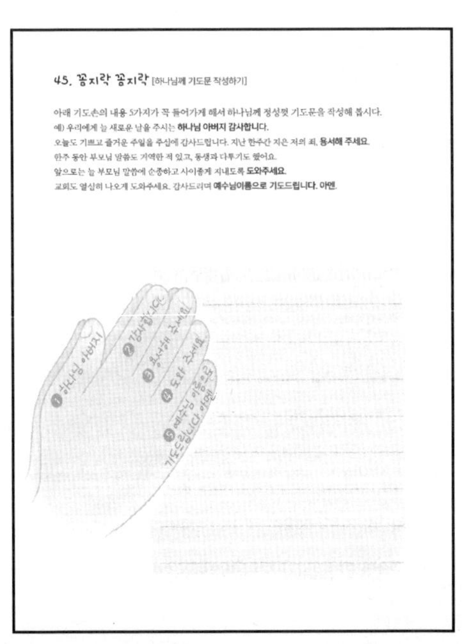

45. 꼼지락 꼼지락 [하나님께 기도문 작성하기]

아래 기도손의 내용 5가지가 꼭 들어가게 해서 하나님께 정성껏 기도문을 작성해 봅시다.
예) 우리에게 늘 새로운 날을 주시는 **하나님 아버지 감사합니다.**
오늘도 기쁘고 즐거운 주일을 주심에 감사드립니다. 지난 한주간 지은 저의 죄, **용서해 주세요.**
한주 동안 부모님 말씀도 거역한 적 있고, 동생과 다투기도 했어요.
앞으로는 늘 부모님 말씀에 순종하고 사이좋게 지내도록 **도와주세요.**
교회도 열심히 나오게 도와주세요. 감사드리며 **예수님이름으로 기도드립니다. 아멘.**

46과 나사렛 예수 그리스도의 이름

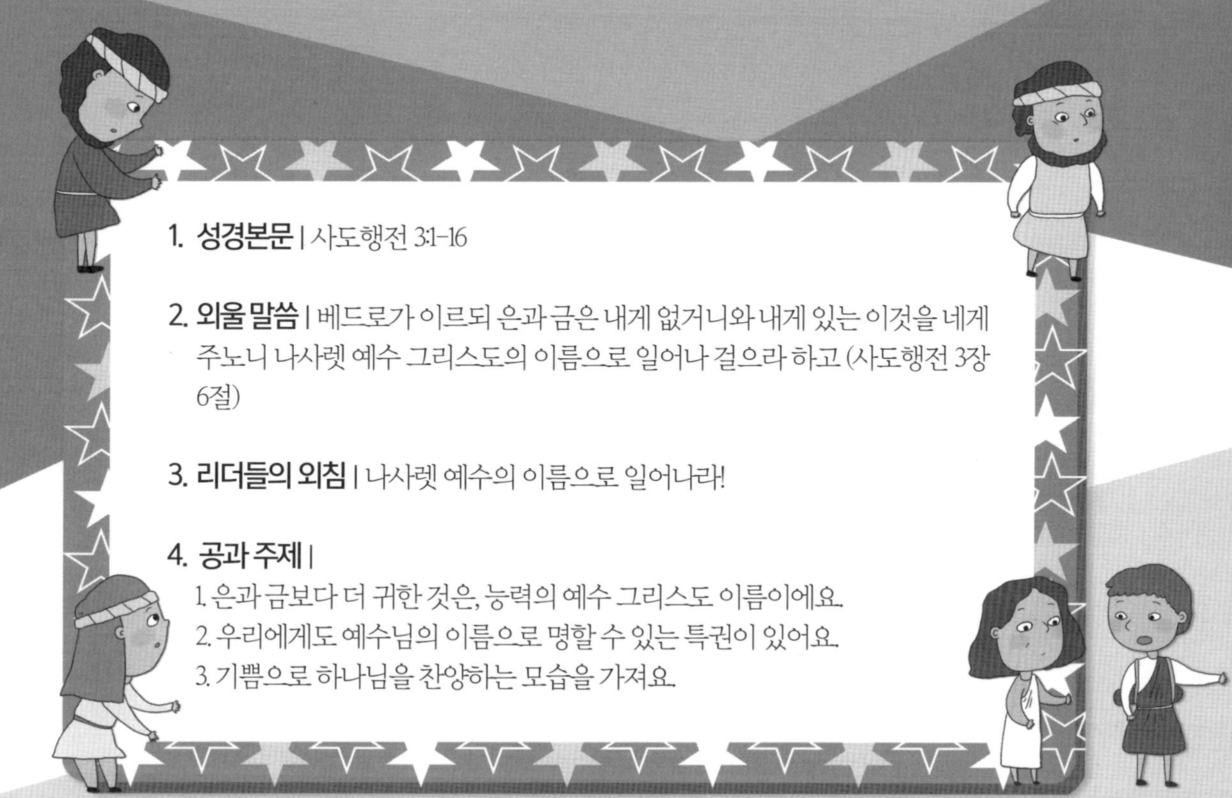

1. **성경본문** | 사도행전 3:1-16

2. **외울 말씀** | 베드로가 이르되 은과 금은 내게 없거니와 내게 있는 이것을 네게 주노니 나사렛 예수 그리스도의 이름으로 일어나 걸으라 하고 (사도행전 3장 6절)

3. **리더들의 외침** | 나사렛 예수의 이름으로 일어나라!

4. **공과 주제** |
   1. 은과 금보다 더 귀한 것은, 능력의 예수 그리스도 이름이에요.
   2. 우리에게도 예수님의 이름으로 명할 수 있는 특권이 있어요.
   3. 기쁨으로 하나님을 찬양하는 모습을 가져요.

[공과 짜임새]

구분	시간	교사지침	준비물
1. 속닥속닥	10분	하나님과 대화하며 짧은쪽지 남기기	
2. 성경이야기 들려주세요	10분	걷지 못했던 자가 예수 그리스도 이름의 능력으로 걷게 된 이야기 살펴보기	성경책
3. 말씀살피기	10분	능력의 나사렛 예수 그리스도의 이름 깨닫기	필기도구
4. 꼼지락 꼼지락	10분	'나사렛 예수' 빨리찾기 게임	

[이렇게 시작하세요]

우리 아이들이 무섭고 어려운 일이 생길 때 가장 먼저 떠올리는 사람은 누구인가요? 예를 들어, 길에서 무섭고 큰 개를 만나거나 처음 가본 곳에서 길을 잃어버렸을 때, 물건을 잃어버려서 어떻게 해야 할지 모를 때나 몸이 아플 때 누가 가장 먼저 생각나나요? 혹은 누구를 가장 먼저 찾나요?
아이들이 의지하고 믿는 사람이 누구냐에 따라 다르겠지만 아마도 대부분의 아이들은 엄마를 가장 먼저 떠올리고 찾겠지요. 오늘 말씀에서는 다리가 아픈 사람이 등장합니다. 그런데 나사렛 예수 그리스도의 이름으로 그의 다리는 나았습니다. 어떻게 그럴 수 있었을까요? 예수님의 이름으로 말했던 베드로와 요한은 어떤 믿음을 가지고 있었던 것일까요? 이 시간을 통해 이 질문에 대한 답을 찾아보면서 예수님의 이름의 능력을 깨닫고 언제나 예수님만을 의지함으로 담대히 살아가는 우리 아이들이 되기를 바랍니다.

1. 속닥속닥 "하나님, 있잖아요"

이 부분은 아이들이 말씀을 듣기 전, 하나님과 대화하는 시간입니다. 본격적인 성경이야기가 시작되기 전에 아이들이 하나님과 친밀한 시간을 가지고 자유롭게 생각하면서 하나님께 하고 싶은 이야기를 적을 수 있도록 도와주세요. 아이들이 써내려가는 이야기의 내용은 속상한 마음일 수도 있고 회개의 마음일 수도 있고 궁금한 마음일 수도 있습니다.
이 부분에서는 아이들이 적은 내용을 확인하기보다는 진솔한 이야기를 적을 수 있도록 독려해주시고 작성이 끝난 후에는 아래의 오늘 읽어주실 말씀을 읽어주시고 멘트를 한번 더 읽어주셔서 아이들의 마음 속에 '하나님은 나를 가장 잘 아시고 가장 많이 사랑하시는 분'이라는 사실을 느낄 수 있도록 해주세요. 이 시간을 통해 우리 아이들이 하나님의 깊고 넓은 사랑을 가득 느낄 수 있기를 소망합니다.

<오늘 읽어주실 말씀과 멘트>
우리 주 예수 그리스도와 우리를 사랑하시고 영원한 위로와 좋은 소망을 은혜로 주신 하나님 우리 아버지께서 너희 마음을 위로하시고 모든 선한 일과 말에 굳건하게 하시기를 원하노라 (데살로니가후서 2장 16~17절)

"우리 주 예수 그리스도와 우리를 사랑하시고 은혜로 영원한 위로와 좋은 소망을 주신 하나님 우리 아버지께서 여러분의 마음을 위로하시고 모든 선한 일과 말에 굳세게 하시기를 원합니다."

2. 성경이야기 들려주세요

이스라엘에 성전의 기도시간이 되면 항상 성전 문에 앉아 있는 사람이 있었어요. 사람들은 그를 메고 성전 문 앞에 데려다 놓았습니다. 왜 그 사람은 날마다 성전 문으로 나와 있었을까요? 그것은 사람들에게 구걸을 하기 위해서였어요. 왜냐하면 그는 태어날 때부터 걸을 수 없었기 때문이에요.

그런데 어느 날, 그가 베드로와 요한이 기도 시간에 성전에 들어가는 것을 보고 구걸을 했을 때였어요. 베드로와 요한은 그를 유심히 보았습니다. 그리고 그에게 '우리를 바라보라'고 말했어요. 그는 베드로와 요한에게서 무엇을 얻을까 하는 마음으로 바라보았어요.

베드로는 그에게 무엇을 주었을까요? 은? 금? 먹을 것? 베드로는 아무것도 주지 않았고 이렇게 말했어요.

"은과 금은 내게 없으나, 내게 있는 이것을 너에게 주니 나사렛 예수 그리스도의 이름으로 일어나 걸으라."

이 말을 하고 그의 오른손을 잡아 일으켰습니다. 과연 어떻게 되었을까요? 그의 발과 발목에 힘이 생겨서 벌떡 일어나 베드로, 요한과 함께 성전으로 들어가면서 걷기도 하고 뛰기도 하며 하나님을 찬송했어요.

걷지 못했던 사람이 일어나 걷고 하나님을 찬송하는 것을 본 사람들은 매우 놀라워했어요. 그리고 나음을 받고 기뻐 뛰며 그 기적을 본 모든 백성들이 베드로와 요한에게 주목했습니다.

하지만 그것은 베드로가 원하는 상황이 아니었어요. 그래서 베드로는 놀라워하는 사람들에게 말했어요.

"이스라엘 사람들아, 이 일을 왜 놀랍게 여기느냐. 우리 개인의 권능과 경건으로 이 사람을 걷게 한 것처럼 왜 우리를 주목하느냐."

이 말은 예수님의 능력으로 그를 걷게 한 것이지, 사람의 힘으로 걷게 한 것이 아니라는 뜻이에요. 바로 나사렛 예수의 이름으로 걷게 한 것이지요. 예수님의 이름으로 명할 수 있는 특권이 있기 때문이에요.

예수님의 이름에는 능력이 있다는 것을 깨닫고 예수님의 이름으로 승리하는 우리 친구들이 되어요!

[확인하기] 아래 장면을 성경 이야기 들은 내용의 순서에 맞게 번호를 매겨 봅시다.

3. 말씀살피기

1. 걷지 못하는 자는 성전에 들어가는 베드로와 요한을 보고 구걸했어요. 그러자 베드로가 걷지 못하는 자에게 한 말은 무엇인가요?

2. 우리가 믿는 예수님은 능력이 많으신 예수님이세요. 아래의 어려운 일들 중에서 나는 어떨 때 예수님을 부르고 의지할 수 있는지 동그라미 쳐보세요.

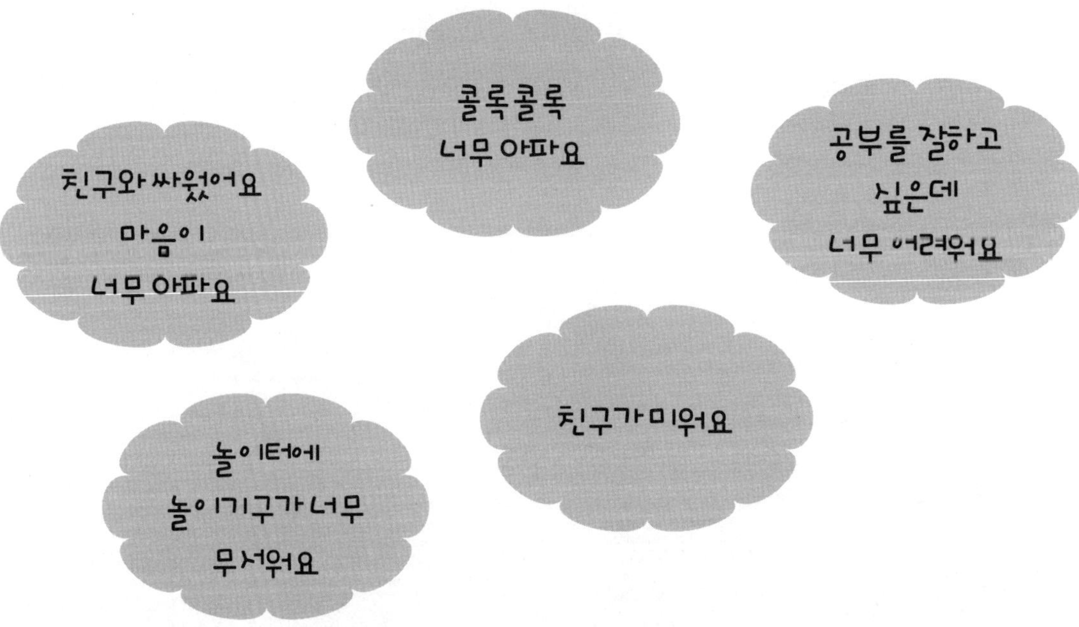

[말씀살피기 가이드]

[1번 문제]

정확한 답은, 사도행전 3장 4절과 6절에 나와 있습니다. 그러나 본문 전체를 찾아볼 수 있게 하는 이유는 전체적인 맥락을 이해하는 것이 중요하기 때문입니다. 모두 읽어보고 그 안에서 답을 어렵지 않게 찾을 수 있으므로 스스로 읽고 답을 할 수 있도록 이끌어주세요. 답을 쓰는 것이 어렵다면 쓰지 않고 말씀을 찾아 함께 큰소리로 읽어보는 것도 좋습니다.

[2번 문제]

우리 예수님은 언제나 우리와 함께하시며 우리를 도우시는 분이십니다. 우리가 어려운 상황에 있을 때에도 베드로가 했던 것처럼 예수님의 이름을 부르고 예수님만 의지하면 이겨낼 수 있습니다. 여러가지 상황 가운데 언제 예수님을 의지할 수 있는지 체크해보도록 하고 반대로 체크하지 않은 상황이 있다면 의지하기 어려운 이유는 무엇인지 들어보시면서 모든 상황보다 크신 예수님에 대해 이야기해주시고 우리 아이들이 예수님을 더욱 의지하는 믿음의 꿈나무가 될 수 있도록 함께 기도해주세요.

[참고자료]

믿고 감사하라

본문에서 베드로와 요한은 나면서부터 걷지 못하는 자를 외면하지 않고 그에게 주목했습니다. '우리를 보라'는 말에 그는 엄청난 기대를 했을 것입니다. 구걸을 하고 있었기 때문에 돈 아니면, 그에 준하는 것을 받을 것으로 예상했을 것입니다. 하지만 그의 예상은 빗나갔습니다.

베드로와 요한에게는 그에게 줄 은과 금이 없었기 때문입니다. 그런데 얼마 지나지 않아 엄청난 기적이 일어났습니다. "나사렛 예수 그리스도의 이름으로 일어나 걸으라." 는 말과 함께 그는 일어나 걸었고, 예수님을 믿는 결과를 가져왔습니다.

은보다 금보다 귀한 예수 그리스도의 이름이 못 걷는 자를 걷게 하고 예수님을 찬양하게 하였습니다. 그런데 주목해야 할 점은, 못 걷는 자의 태도에도 있습니다. 그는 일어나 걸으라는 말 한마디에 즉시 일어났습니다. 물론 걷게 하시는 이는 예수 이름의 능력이지만 일어나 걷고 예수님을 구주로 믿는 일은, 행동을 하는 이에게 달려있습니다.

또한 못걷는 자는 치유함을 받고 기뻐했을 뿐 아니라, 하나님을 찬양했습니다. 우리가 이 말씀을 통해 배워야 할 점은, 예수님께서 주시는 것을 기대하고 받으려는 적극적인 자세입니다. 또한 베풀어주신 은혜에 대해 감사할 줄 알아야 할 것입니다. 그리고 '예수 그리스도' 이름의 능력을 믿는 것입니다.

[꼼지락 꼼지락]

[예수님을 찾아라! 빨리찾기 게임]

친구들과 함께하는 재미있는 게임시간입니다. 글자가 적힌 상자 안에 글자를 이으면 '나사렛 예수'라는 이름이 나타나는 줄이 3줄 있습니다. 게임을 진행할 때, 제일 먼저 찾은 친구에겐 칭찬해주시고 그렇지 않은 친구들도 끝까지 찾을 수 있도록 격려해주시고 칭찬해주세요. 또한 아이들이 찾는 것에 어려움이 있다면 힌트를 주시는 것도 좋습니다.

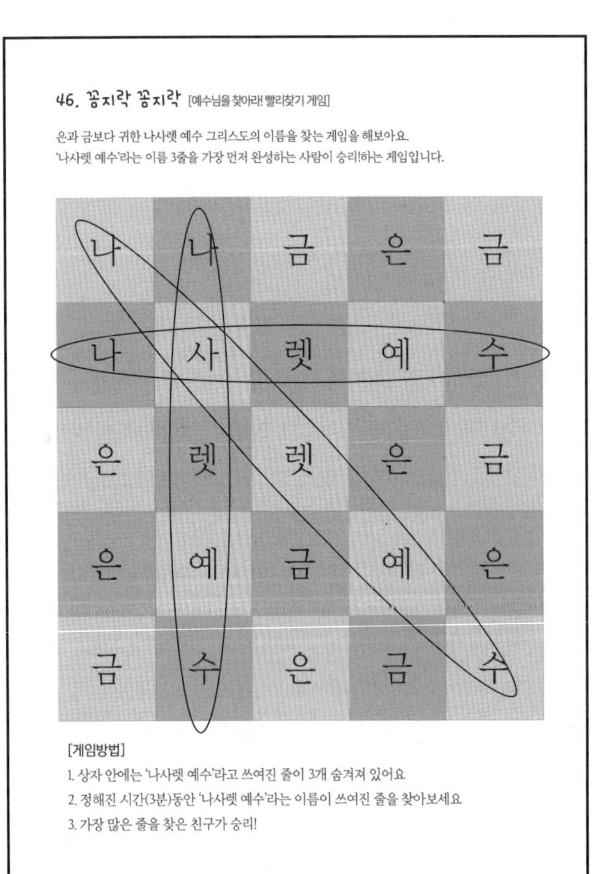

46. 꼼지락 꼼지락 [예수님을 찾아라! 빨리찾기 게임]

은과 금보다 귀한 나사렛 예수 그리스도의 이름을 찾는 게임을 해보아요.
'나사렛 예수'라는 이름 3줄을 가장 먼저 완성하는 사람이 승리!하는 게임입니다.

나	나	금	은	금
나	사	렛	예	수
은	렛	렛	은	금
은	예	금	예	은
금	수	은	금	수

[게임방법]

1. 상자 안에는 '나사렛 예수'라고 쓰여진 줄이 3개 숨겨져 있어요
2. 정해진 시간(3분)동안 '나사렛 예수'라는 이름이 쓰여진 줄을 찾아보세요
3. 가장 많은 줄을 찾은 친구가 승리!

47과 스데반 집사

1. **성경본문** | 사도행전 6:1-7:60

2. **외울 말씀** | 그들이 돌로 스데반을 치니 스데반이 부르짖어 이르되 주 예수여 내 영혼을 받으시옵소서 하고 무릎을 꿇고 크게 불러 이르되 주여 이 죄를 그들에게 돌리지 마옵소서 이 말을 하고 자니라 (사도행전 7장 59-60절)

3. **리더들의 외침** | 성령이 충만한 스데반을 본받자!

4. **공과 주제** |
   1. 은혜와 권능, 지혜와 성령이 충만한 스데반
   2. 마지막 순간에도 하나님께 기도를 드린 스데반
   3. 스데반을 본받고 기억해요.

[공과 짜임새]

구분	시간	교사지침	준비물
1. 속닥속닥	10분	하나님과 대화하며 짧은쪽지 남기기	성경책 필기도구
2. 성경이야기 들려주세요	10분	은혜와 권능, 지혜와 성령이 충만한 스데반의 모습 살펴보기	
3. 말씀살피기	10분	스데반에 대해 알아가기	
4. 꼼지락 꼼지락	10분	글씨 따라쓰기	

[이렇게 시작하세요]

오늘 이 시간에는 아이들과 함께 한 사람씩 돌아가며 친구의 모습을 칭찬하는 시간을 가져봅시다. 단, 칭찬할 때는 예수님의 마음으로 칭찬해야 합니다. 예를 들어, '친구야, 너가 웃는 모습을 볼 때, 예수님의 사랑이 느껴져', '친구야, 너가 찬양을 할 때 천사의 모습 같아', '친구야, 너가 나를 도와줄 때, 예수님의 따뜻한 마음이 생각나' 등 처럼 칭찬해야 합니다. 서로를 칭찬하는 시간을 통해 주님 안에서 서로를 더욱 사랑하는 믿음의 공동체로 자라게 되기를 바랍니다. 오늘 말씀에서도 천사의 모습과 같았던 사람이 등장합니다. 그는 예수님을 전하다가 사람들에게 죽임을 당하지요. 과연 어떤 사람일까요? 바로 스데반 집사입니다. 오늘 배울 스데반 집사의 모습을 통해 복음이 우리에게 얼마나 귀한 것이고 우리는 어떤 마음으로 복음을 전해야 하는지 깨닫는 시간이 되기를 바랍니다.

1. 속닥속닥 "하나님, 있잖아요"

이 부분은 아이들이 말씀을 듣기 전, 하나님과 대화하는 시간입니다. 본격적인 성경이야기가 시작되기 전에 아이들이 하나님과 친밀한 시간을 가지고 자유롭게 생각하면서 하나님께 하고 싶은 이야기를 적을 수 있도록 도와주세요. 아이들이 써내려가는 이야기의 내용은 속상한 마음일 수도 있고 회개의 마음일 수도 있고 궁금한 마음일 수도 있습니다.
이 부분에서는 아이들이 적은 내용을 확인하기보다는 진솔한 이야기를 적을 수 있도록 독려해주시고 작성이 끝난 후에는 아래의 오늘 읽어주실 말씀을 읽어주시고 멘트를 한번 더 읽어주셔서 아이들의 마음 속에 '하나님은 나를 가장 잘 아시고 가장 많이 사랑하시는 분'이라는 사실을 느낄 수 있도록 해주세요. 이 시간을 통해 우리 아이들이 하나님의 깊고 넓은 사랑을 가득 느낄 수 있기를 소망합니다.

<오늘 읽어주실 말씀과 멘트>
내 사랑하는 형제들아 들을지어다 하나님이 세상에서 가난한 자를 택하사 믿음에 부요하게 하시고 또 자기를 사랑하는 자들에게 약속하신 나라를 상속으로 받게 하지 아니하셨느냐 (야고보서 2장 5절)

"사랑하는 형제자매 여러분, 들으십시오. 하나님께서는 세상의 가난한 사람을 택하셔서 믿음에 부요한 사람이 되게 하시고, 하나님을 사랑하는 사람들에게 약속하신 나라를 상속으로 받게 하시지 않았습니까?"

2. 성경이야기 들려주세요

은혜와 권능이 충만한 사람이 있었습니다. 그는 바로 '스데반'이에요. 스데반은 믿음과 성령이 충만한 사람이었어요. 그래서 그는 초대교회가 가난한 사람을 구제하는 일에 필요한 일곱 사람 중의 한 명으로 뽑혔지요. 그리고 그는 사람들에게 기적을 행하고 놀라운 일들이 일어나도록 했는데, 유대 사람들은 그런 일들을 못마땅하게 여겨 스데반과 논쟁을 벌였습니다. 그러나 스데반은 지혜와 성령이 충만한 사람이었기 때문에 아무도 스데반을 당해낼 수 없었어요. 그러자 그들은 또 사람들을 시켜서 스데반이 하나님을 모독한 말을 들었다고 말하게 했어요. 그리고 스데반은 하나님의 능력을 나타내고 놀라운 일들을 행했지만, 아무도 그것을 좋게 보지 않았고 백성, 장로, 서기관들을 총동원시켜 스데반을 공회로 잡아갔어요. 그런데 공회에서도 거짓 증인들을 내세워 스데반이 거룩한 곳과 율법을 어긋나게 말하였다고 하도록 했어요. 그런데 놀라운 것은, 공회에 앉아있던 사람들이 모두 스데반을 바라봤는데 사람들에게 비춰진 스데반의 얼굴이 천사같이 보였어요.

스데반은 그들이 모함하는 말에 전혀 굴하지 않고 다시 하나님의 말씀을 전했는데, 말씀을 전하는 중에 스데반이 성령 충만하여 하늘을 바라보니 하나님의 영광이 보이고, 그 옆에 예수님이 서 계신 것이 보인다고 했어요. 그러자 사람들은 큰 소리를 지르고 귀를 막았고 스데반에게 달려들어 성 밖으로 끌어내어 스데반에게 돌을 던졌어요. 그리하여 스데반은 그 돌에 맞아 쓰러졌어요. 하지만 스데반은 모든 압박과 박해를 물리치고, 돌을 맞으면서도 신앙을 지켰어요. 그래서 스데반에게는 '최초의 순교자'라는 수식어가 붙어요. 순교자는 온갖 핍박 속에서도 자신의 신앙을 지키며 목숨을 바친 사람을 말합니다. 또한, 스데반은 믿음과 성령이 충만하여 돌에 맞아 죽어가면서도 자신의 영혼을 받아달라고 주님께 간절히 기도드렸고 이 죄를 저 사람들에게 돌리지 말라고 했어요. 스데반은 정말 천사 같은 사람이었어요. 그는 끝까지 하나님을 저버리지 않고 돌에 맞아 고통스러운 마지막 순간까지도 자신의 영혼이 하나님과 함께 할 수 있도록 하나님께 기도를 드리며 그들의 죄를 탓하지 않았어요. 우리 친구들도 스데반과 같이 성령 충만한 사람이 되어 힘들고 어려운 일이 있을 때 하나님께 먼저 기도하고, 자신의 신앙을 지키기 위해 힘쓰는 친구들이 되었으면 좋겠어요.

[확인하기] 아래 장면을 성경 이야기 들은 내용의 순서에 맞게 번호를 매겨 봅시다.

3. 말씀살피기

1. 오늘 배운 말씀을 기억하며 스데반에 대한 올바른 설명을 아래의 상자에서 찾아보세요.

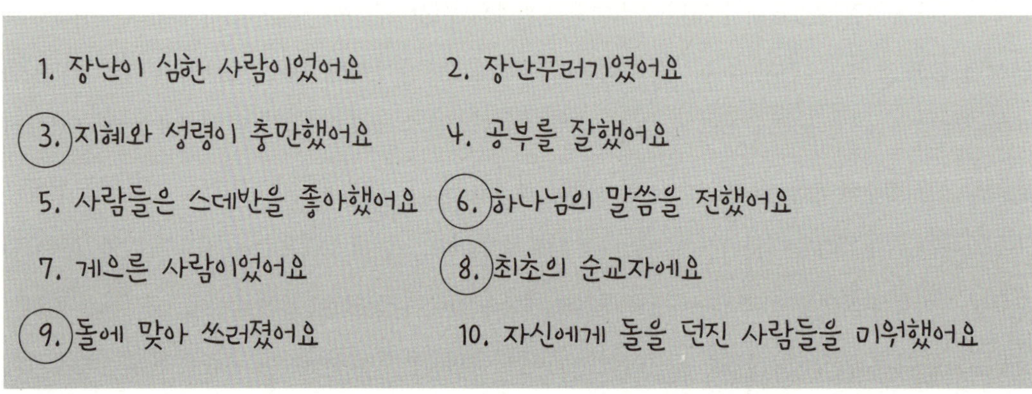

1. 장난이 심한 사람이었어요
2. 장난꾸러기였어요
3. 지혜와 성령이 충만했어요
4. 공부를 잘했어요
5. 사람들은 스데반을 좋아했어요
6. 하나님의 말씀을 전했어요
7. 게으른 사람이었어요
8. 최초의 순교자에요
9. 돌에 맞아 쓰러졌어요
10. 자신에게 돌을 던진 사람들을 미워했어요

2.아래의 점을 선으로 이어보면서 천사같은 스데반의 모습을 그려보아요.

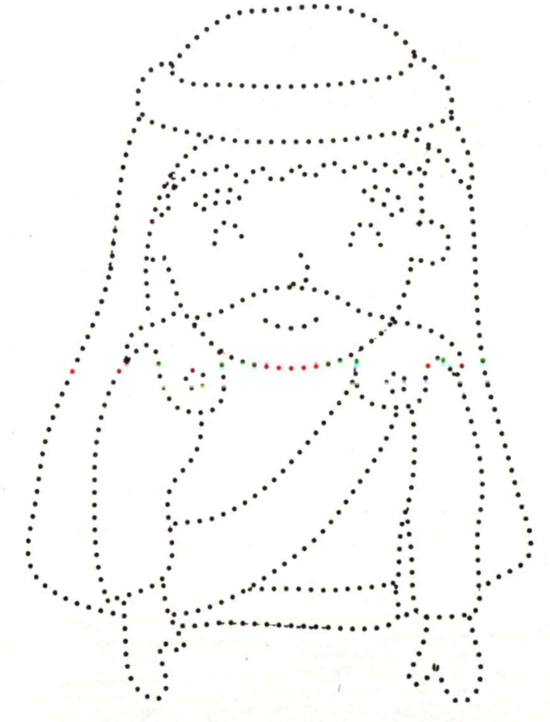

[말씀살피기 가이드]

[1번 문제]

스데반은 천사와 같은 얼굴을 하고 있었으며(행6:15), 그는 은혜와 권능, 지혜와 성령이 충만한 사람이었습니다(행6:8-10). 그는 자신의 신앙을 지키기 위해 온갖 핍박을 견디며 돌에 맞아 쓰러져가면서도 하나님께 자신의 영혼을 받아달라는 간절한 기도를 드렸고, 자신들에게 해를 끼친 사람들의 죄를 그들에게 돌리지 말라는 기도를 하였습니다(행7:58-60). 이런 내용을 아이들에게 설명해주세요.

[2번 문제]

오늘 말씀에서 스데반은 천사와 같은 얼굴을 하고 있었다고 합니다. 점을 선으로 이으면서 활짝 웃고 있는 스데반의 얼굴을 그려보아요.

[참고자료]

하나님의 영과의 논쟁

우리는 본문에서 스데반이 어떻게 논쟁했는지를 알 수 있습니다. 스데반이 지혜와 성령으로 말함을 그들이 능히 당치 못하여, 자기들의 입장을 주장하지도, 답변하지도 못했습니다. 그리하여 그들은 신앙을 갖게 되지는 않았지만 혼란을 일으켰습니다. 그들이 스데반에게 대항할 수 없었던 것이 아니라, 지혜와 성령으로 말함을 당할 수 없었다고 해야 합니다.
그들은 그들이 단지 스데반과 논쟁하고 있다고 생각했지만 사실 그들이 경쟁할 수도 없는 상대이며, 스데반과 함께 하시는 하나님의 영과 논쟁하였던 것입니다. 그리스도인들이 핍박을 당할 때도 이와 같아야 합니다. 사람의 생각으로 하지 말고 오직 하나님의 성령으로, 핍박하는 사람들의 마음을 다스려야 합니다.

스데반은 누구인가?

스데반은 헬라파 유대인이며, 초대교회 최초의 순교자였습니다(행 7:59-60).
스데반은 믿음과 성령이 충만한 사람으로, 초대교회가 가난한 자들을 매일 구제하는 일을 맡기려고 선출했던 일곱 사람 가운데 한 사람이었습니다(행 6:1-6).

스데반은 리버디노 곧 자유인들의 회당에서 가르쳤고, 거기서 구레네, 알렉산드리아, 길리기아, 아시아 등지에서 온 디아스포라 유대인들과 토론했는데, 지혜와 성령의 충만함으로 그들을 압도했다고 기록하고 있습니다(행 6:9-10). 이 때문에 스데반은 공회에 잡혀갔으며, 공회에서 변증한 내용으로 인해 신성 모독죄로 고소되었습니다(행 6:11-7:53). 곧 스데반은 자신의 변증을 끝맺기 직전에 '보라 하늘이 열리고 인자가 하나님 우편에 서신 것을 보노라'(행 7:56)고 하였는데, 이는 유대 민족만의 특권적 종교를 고집했던 유대교 민족주의자들과 새로운 메시야 신앙을 유대교적 제도 안에서 받아들이려는 히브리 기독교인들에게 충격이 아닐 수 없었습니다.
곧 스데반의 변증에 등장하는 예수님은 히브리인이나 유대교를 넘어 우주 전체를 통치하는 메시야로서 왕좌에 앉아 계셨기 때문입니다.
결국 이 말을 듣고 있던 공회의원들과 유대인들은 큰 소리를 지르며 귀를 막고 그에게 달려들어 스데반을 성 밖에 내치고 돌로 쳐죽이고 말았습니다(행 7:57-58).
스데반의 죽음은 예루살렘 교회에 박해로 이어졌고, 많은 성도들은 이방 지역으로 뿔뿔이 흩어져 각 지역에서 복음을 전하게 되었습니다(행 8:4).

[꼼지락 꼼지락]

[스데반 집사를 본받아요]

오늘 배운 스데반 집사는 성령이 충만한 사람이었습니다. 글씨 따라쓰기 활동을 해보면서 스데반 집사처럼 성령이 충만한 사람이 되기를 소망하는 시간을 가져보시길 바랍니다.

48과 다메섹의 바울

1. **성경본문** | 사도행전 9:1-31

2. **외울 말씀** | 사울이 길을 가다가 다메섹에 가까이 이르더니 홀연히 하늘로부터 빛이 그를 둘러 비추는지라 (사도행전 9장 3절)

3. **리더들의 외침** | 예수님을 만나면 변화된다!

4. **공과 주제** |
   1. 예수님은 다메섹에서 바울을 만나주셨어요.
   2. 예수님을 만나기 전과 후의 바울
   3. 예수님의 택하신 그릇 바울
   4. 예수님과 바울의 만남

[공과 짜임새]

구분	시간	교사지침	준비물
1. 속닥속닥	10분	하나님과 대화하며 짧은쪽지 남기기	성경책 필기도구
2. 성경이야기 들려주세요	10분	예수님을 만난 후 증인의 삶을 산 바울 알아보기	
3. 말씀살피기	10분	변화된 바울의 모습 생각해보기	
4. 꼼지락 꼼지락	10분	눈가리고 십자가 그리기 게임	

[이렇게 시작하세요]

예수님을 알게 되었을 때, 우리 아이들은 어떤 생각이 들었을까요? 기쁘고 즐거웠을 수도 있고 놀라웠을 수도 있을 것입니다. 그 외에도 아이들에 따라 다양한 감정을 느꼈겠지요. 예수님을 안다는 기준이 애매모호해서 아이들이 생각하는데 어려울 수도 있으리라 생각합니다. 그럴 때에는 '예수님이 사랑이 많은 분이라는 걸 알았을 때', '그동안 말씀을 통해 예수님에 대해 배우고 나서 느꼈던 점' 등의 질문으로 바꾸어 나눔을 진행해주세요.

오늘 배울 말씀에서도 예수님을 만난 사람이 등장합니다. 그는 바로 우리가 잘 알고 있는 바울입니다. 그런데 바울이 처음부터 예수님을 믿었던 것은 아닙니다. 그는 예수님을 믿는 자들을 잡아 가두는 일을 했던 사람이었습니다.

그런데 그런 사람이 예수님을 만나게 되고 그후로 완전히 변화된 삶을 살게 됩니다. 이 시간, 바울 이야기를 통해 우리 아이들이 예수님에 대해 알아갈수록 그 신앙의 깊이가 넓어지고 깊어져서 예수님을 더 사랑하고 예수님을 전하는 믿음의 친구들이 되기를 바랍니다.

1. 속닥속닥 "하나님, 있잖아요"

이 부분은 아이들이 말씀을 듣기 전, 하나님과 대화하는 시간입니다. 본격적인 성경이야기가 시작되기 전에 아이들이 하나님과 친밀한 시간을 가지고 자유롭게 생각하면서 하나님께 하고 싶은 이야기를 적을 수 있도록 도와주세요. 아이들이 써내려가는 이야기의 내용은 속상한 마음일 수도 있고 회개의 마음일 수도 있고 궁금한 마음일 수도 있습니다.

이 부분에서는 아이들이 적은 내용을 확인하기보다는 진솔한 이야기를 적을 수 있도록 독려해주시고 작성이 끝난 후에는 아래의 오늘 읽어주실 말씀을 읽어주시고 멘트를 한번 더 읽어주셔서 아이들의 마음 속에 '하나님은 나를 가장 잘 아시고 가장 많이 사랑하시는 분'이라는 사실을 느낄 수 있도록 해주세요. 이 시간을 통해 우리 아이들이 하나님의 깊고 넓은 사랑을 가득 느낄 수 있기를 소망합니다.

<오늘 읽어주실 말씀과 멘트>
무엇보다도 뜨겁게 서로 사랑할지니 사랑은 허다한 죄를 덮느니라 (베드로전서 4장 8절)

"무엇보다도 서로 뜨겁게 사랑하십시오. 사랑은 허다한 죄를 덮습니다."

2. 성경이야기 들려주세요

바울은 율법의 엄격한 교훈을 받은 사람이었어요. 배운 것도 많고 똑똑할 뿐 아니라, 아주 훌륭한 사람이었죠. 하지만 예수님을 믿는 사람들을 핍박하는 사람이었습니다. 그래서 바울은 예수님의 제자들이라는 이유로 미워하고 핍박했고 앞에서 배운 스데반의 재판에 증인으로 들어가기도 했으며 기독교인들을 박해하는 일에 앞장섰어요. 그러던 어느 날, 바울은 예수님을 믿는 사람들을 예루살렘으로 끌고 오려는 계획을 하고 다메섹으로 향했어요. 그리고 바울이 다메섹 가까이에 이르렀을 때, 갑자기 하늘에서 환한 빛이 그를 둘러 비추었어요. 그러자 그는 빛을 보고 땅에 엎드렸어요. 그때 어디선가 소리가 들렸습니다.

"사울아 사울아 네가 어찌하여 나를 박해하느냐."

바울이 "누구십니까?" 하고 물어보자 예수님은 "나는 네가 박해하는 예수다." 라고 말씀하셨어요. 그리고 바울은 아무것도 볼 수 없게 되었는데 그는 어떤 사람의 손에 이끌려 다메섹으로 가서 그후 3일 동안 보지 못하며 먹지도 마시지도 못했어요(행9:4-9;22:7-11).

한편, 예수님은 다메섹에 있는 제자 아나니아 라는 사람을 부르셔서 바울을 찾아가라고 하셨어요. 그래서 바울은 환상 속에 아나니아라는 사람이 찾아와 자신에게 손을 얹어 시력을 회복시켜 주는 것을 보았지요. 하지만 아나니아는 그가 어떤 사람인지 알고 있었기 때문에 바울의 모든 악행을 예수님께 말씀드렸어요(행9:10-14). 그러자 예수님은 말씀하셨어요.

"가라 이 사람은 내 이름을 이방인과 임금들과 이스라엘 자손들에게 전하기 위하여 택한 나의 그릇이라"

아나니아가 바울이 있는 집으로 들어가 그에게 안수하자, 바울의 눈에서 비늘 같은 것이 벗어져 그가 다시 보게 되었고 바울이 세례를 받고 음식을 먹으니 강건해졌어요. 또한 바울은 다메섹에 있는 제자들과 함께 있으면서 각 회당에서 예수님이 하나님의 아들이심을 전파했습니다. 이 사실을 알게 된 사람들은 모두 놀랐고 해치려고 하는 사람들도 생겼지만 그후 바울은 예수님을 전파하는 복음 전달자가 되었어요.

바울은 다메섹 앞에서 예수님을 만나고 예수님의 택한 증인으로 변화되었어요. 이와 마찬가지로 예수님을 만난 우리도 예수님을 더욱 사랑하고 예수님을 전하는 주의 어린이가 되길 바라요.

[확인하기] 아래 장면을 성경 이야기 들은 내용의 순서에 맞게 번호를 매겨 봅시다.

3. 말씀살피기

1. 다음의 두 그림은 바울이 다메섹에서 예수님을 만난 사도행전 9장 3-5절을 묘사한 것입니다. 그림에서 서로 다른 3곳을 찾아 동그라미를 쳐보세요.

2. 예수님을 만나고 난 후에 변화된 바울의 모습을 그려보고 색칠해보아요.

[말씀살피기 가이드]

[1번 문제]

다른 그림을 찾기에 앞서, 바울이 다메섹으로 가던 길에 환한 빛과 소리를 만난 그림에 대한 설명을 먼저 해주세요. 바울이 다메섹으로 가던 길에서 홀연히 환한 빛이 그를 둘러 비추어, 땅에 엎드려져 듣는데 어떤 소리가 있었으니 그 소리는 예수님의 음성이었습니다. “사울아 사울아 네가 어찌하여 나를 박해하느냐. 나는 네가 박해하는 예수라”(사도행전 9장 3-5절)

[2번 문제]

예수님을 만난 바울은 180도 달라졌습니다. 예수님을 믿는 사람들을 핍박했던 그가 예수님을 전하며 예수님의 증인된 삶을 살게 되었지요. 아이들이 생각하고 느낀 ‘예수님을 만난 바울의 모습’을 직접 표현해보면서 오늘 배운 말씀을 머릿속에 잘 정리하는 시간을 갖도록 도와줍니다.

[참고자료]

거듭남이란?

바울은 다메섹에서 예수님을 만남으로 거듭나게 되었습니다. 거듭났다는 것은 과거의 죄된 삶을 청산하고 예수님 뜻대로 살겠다는 전 인격적 변화를 의미합니다. 거듭남은 믿음이라는 확실한 마음의 고백과 믿음의 행동 역시 수반해야 올바른 거듭남이라 할 수 있습니다.

거듭남은 새롭게 태어남 혹은 새 사람이 되다라는 뜻으로 성경적으로는, 죄 때문에 영적으로 죽어 있던 존재가 은혜로 새 생명을 얻어 전 인격적이고 근본적으로 변화하는 것을 의미합니다. 이것을 ‘중생’(重生)이라고도 말합니다(요3:3; 벧전1:3).

중요한 것은 거듭남은 내 자의로 결심한다고 되는 것이 아니라 하나님의 주권적 역사로만 가능한 일입니다. 그래서 성경은 거듭난 자를 ‘하나님께로부터 난 자’(요1:13; 요일3:9), ‘하나님의 자녀’(요1:12), ‘새로 지으심을 받은 자’(갈6:15), ‘새로운 피조물’(고후5:17)이라고 기록하고 있습니다.

거듭남은 예수 그리스도를 믿음으로 가능합니다(요14:6).

또한 한 번으로 영원한 효과를 지니며(롬6:4), 영적인 성장의 출발점(엡4:24)이 되는 동시에 종말에 있을 완전한 구원과 연결됩니다(벧전1:3-12).

거듭남의 계기나 체험은 사람마다 다를 수 있습니다. 하지만 변화된 성품은 누구나 동일합니다.

바울은 다메섹에서 예수님의 음성을 들었고, 눈이 멀었던 거듭남의 체험을 통해 예수님을 만나게 되었으며, 예수믿는 자를 잡아 가두는 반대자에서 복음을 전하는 전도자로 바뀌게 됩니다. 이것이 거듭난 자의 변화입니다.

사도바울의 혈통과 율법

바울은 유대민족 중 한 사람이었습니다. 그는 유명한 길리기아 다소 출신으로 그 도시의 자유민으로서 출생하였습니다. 그는 지식교육과 진보적인 교육을 받은 자로 예루살렘과 유대 학문의 중심지인 가말리엘의 문하에서 양육 받았습니다(행22:3).

그러므로 그는 율법에 관해서 무지할 수 없었으며, 율법을 모르기 때문에 그 율법을 업신여기는 자로 간주될 수도 없었습니다. 어려서부터 엄격한 교육을 통해 율법주의는 더해져갔을 것입니다. 그런 그는 자연스레 그리스도를 믿지 않고, 그를 믿는 사람들을 박해하는데 앞장섰습니다.

그렇지만 예수님께서 택하셔서 부르신 다메섹에서의 만남이 이전의 모든 일들을 멈추게 만들었습니다. 즉 예수님과의 만남으로 인해 모든 것이 변화되었습니다. 그리스도를 박해하는 일에 앞장서던 그가 다메섹에서의 그 한 번의 만남으로 여러 나라를 두루 다니며 예수님을 전하는 일에 앞장서는 사람으로 변화된 것입니다.

[꼼지락 꼼지락]

[눈 가리고 그림그리기 게임]

게임방법에 따라 게임을 진행하시고 아이들이 단순히 즐기기만 하는 게임이 아니라 십자가를 그리고 완성함으로 예수님의 십자가 사랑과 은혜를 기억하는 시간이 되기를 바랍니다.

[게임방법]

준비물: 눈가리개, 십자가도안 종이, 펜, 색연필

1. 게임할 순서를 정해보아요
2. 게임에 참여하는 어린이는 손에 펜을 쥐고 눈에는 눈가리개를 써요.
3. 선생님의 말씀에 따라 펜을 움직이며 십자가를 그려요.
4. 선생님이 "예수님을 전하는 사도가 되어라!"고 외치면 큰 소리로 "아멘!"을 외쳐요
5. 눈가리개를 빼고 자신이 그린 십자가를 확인해요
6. 색연필을 가지고 자신이 그린 십자가를 예쁘게 완성해보아요

49과 베드로를 도와준 천사

1. **성경본문** | 사도행전 12:1-24

2. **외울 말씀** | 이에 베드로는 옥에 갇혔고 교회는 그를 위하여 간절히 하나님께 기도하더라 (사도행전 12장 5절)

3. **리더들의 외침** | 우리 모두 함께 간절히 기도해요!

4. **공과 주제** |
   1. 베드로가 어려움을 당했을 때, 교회는 가장 먼저 하나님께 간절히 기도했어요.
   2. 누군가를 위해 기도했을 때 일어나는 놀라운 일
   3. 모든 상황에서 가장 먼저 기도를 드리자!

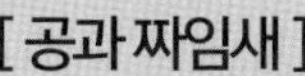

[공과 짜임새]

구분	시간	교사지침	준비물
1. 속닥속닥	10분	하나님과 대화하며 짧은쪽지 남기기	성경책 필기도구 가위 풀
2. 성경이야기 들려주세요	10분	베드로가 감옥에 갇힌 사건 살펴보기	
3. 말씀살피기	10분	모든 상황에서 기도하는 우리의 모습 다짐하기	
4. 꼼지락 꼼지락	10분	다짐하고 오리고 붙이기	

[이렇게 시작하세요]

우리 아이들은 하루 중에서 언제 기도를 할까요? 밥을 먹을 때, 아침에 일어났을 때, 잠자리에 들기 전에 혹은 기도를 해야 할 때만. 아이들의 다양한 나눔을 들어보세요. 이때 중요한 것은 아이들이 기도하는 횟수나 언제 기도하는지를 가지고 아이들을 판단하는 잣대를 삼으시면 안 된다는 것입니다. 무엇이 옳고 그른지는 하나님께서만 판단하는 것이니 이 나눔을 가지고 아이들의 신앙의 크기를 제단하지 마시고 아이들의 나눔 속에서 어떻게 우리 아이들을 올바른 신앙인의 모습으로 이끌어갈 것인지 고민하시고 기도해주세요.
오늘 말씀에서 베드로가 옥에 갇혔을 때, 교회는 바울을 위해 기도했습니다. 누군가가 어려움에 처했을 때, 그 사람을 위해 기도한다는 것은 주님 안에서 아름다운 모습입니다. 나를 위해 기도하는 것도 하나님께 들어주시지만 다른 사람을 위해 기도할 때 하나님께서는 기쁘게 들으시고 그 기도에 응답해주세요.

1. 속닥속닥 “하나님, 있잖아요”

이 부분은 아이들이 말씀을 듣기 전, 하나님과 대화하는 시간입니다. 본격적인 성경이야기가 시작되기 전에 아이들이 하나님과 친밀한 시간을 가지고 자유롭게 생각하면서 하나님께 하고 싶은 이야기를 적을 수 있도록 도와주세요. 아이들이 써내려가는 이야기의 내용은 속상한 마음일 수도 있고 회개의 마음일 수도 있고 궁금한 마음일 수도 있습니다.
이 부분에서는 아이들이 적은 내용을 확인하기보다는 진솔한 이야기를 적을 수 있도록 독려해주시고 작성이 끝난 후에는 아래의 오늘 읽어주실 말씀을 읽어주시고 멘트를 한번 더 읽어주셔서 아이들의 마음 속에 ‘하나님은 나를 가장 잘 아시고 가장 많이 사랑하시는 분’이라는 사실을 느낄 수 있도록 해주세요. 이 시간을 통해 우리 아이들이 하나님의 깊고 넓은 사랑을 가득 느낄 수 있기를 소망합니다.

<오늘 읽어주실 말씀과 멘트>
누구든지 그의 말씀을 지키는 자는 하나님의 사랑이 참으로 그 속에서 온전하게 되었나니 이로써 우리가 그의 안에 있는 줄을 아노라 (요한일서 2장 5절)

“누구든지 하나님의 말씀을 지키는 사람은 하나님의 사랑이 그 사람 속에서 완성됩니다. 이로써 우리가 하나님 안에 있음을 압니다.”

2. 성경이야기 들려주세요

신약시대에 헤롯이라는 왕은 교회에 속한 사람들을 해치려고 했어요. 그래서 그는 예수님의 제자 야고보를 해치고 베드로도 잡아서 베드로가 빠져나가지 못하도록 네 명의 경비가 지키도록 했습니다. 그러나 베드로와 교회의 사람들은 힘들고 어려운 상황에서도 하나님께 간절히 기도했어요. 그러자 놀라운 일이 일어났습니다.

헤롯이 베드로를 사람들 앞에 끌어내려고 했던 전날 밤, 베드로는 쇠사슬에 묶인 채 두 군인 사이에서 잠들어 있었고 문 앞에는 감옥을 지키는 파수꾼들이 있었어요. 그들은 베드로가 빠져나가지 못하도록 옥 문을 철저하게 지키고 있었지요. 그런데 그때, 주님이 보내신 천사가 나타나 감옥에 빛이 환하게 비치더니 천사가 베드로의 옆구리를 쳐서 깨우며 이렇게 말했어요. "빨리 일어나라." 그러자 베드로의 손에 묶여있던 쇠사슬이 풀렸고 천사는 베드로에게 띠를 띠고 신을 신으라고 말했습니다. 베드로가 천사의 말대로 하자, 이번에는 겉옷을 입고 따라오라고 했어요.

그렇게 천사와 베드로가 감옥 지키는 곳을 지나서 시내로 통하는 철문까지 갔더니 이번에는 문이 저절로 열렸고 그들이 밖으로 나와 한 거리를 지나자, 천사가 떠나갔습니다. 그제서야 베드로는 주님께서 천사를 보내셔서 감옥에서 나오게 하신 것을 알게 되었어요.

베드로는 그 길로 요한의 어머니 마리아의 집에 갔습니다. 마리아의 집에 있던 사람들은 여전히 모여서 기도하고 있었어요. 그런데 베드로가 나타나자 사람들은 깜짝 놀랐고 베드로는 주님께서 자신을 감옥에서 인도하여 내신 일을 이야기했어요. 그리고 그는 이 사실을 야고보와 다른 사람들에게 전하라는 말을 남기고 다른 곳으로 갔습니다. 그 다음날, 헤롯과 군인들은 베드로를 찾아 마리아의 집으로 쳐들어왔어요. 하지만 베드로를 찾을 수 없었겠죠. 그렇게 하나님의 천사는 베드로를 도왔고, 하나님께 영광을 돌리지 않고 오히려 그리스도인들을 괴롭힌 헤롯은 이후에 주님의 천사가 내리침으로 비참하게 생을 마감하고 맙니다.

우리 친구들은 주변에서 어려움에 처한 사람들을 보았을 때 어떻게 하나요? 또한 반대로 내가 힘들고 어려울 때는 어떤가요? 우리 모두 다른 것보다 먼저 기도해야 합니다. 그리하여 기도의 놀라운 힘을 발견하며 살아가는 모두가 되길 바라요.

[확인하기] 아래 장면을 성경 이야기 들은 내용의 순서에 맞게 번호를 매겨 봅시다.

3. 말씀살피기

1. 베드로는 어떻게 감옥에서 나갈 수 있었을까요? 다음의 보기에서 알맞은 것을 고르세요.

1. 교회 사람들이 모여서 베드로를 위해 기도했습니다.
2. 베드로가 몰래 감옥을 빠져나갔습니다.
3. 주님은 천사를 베드로에게 보냈습니다.
4. 천사는 감옥에 갇힌 베드로를 찾아가 감옥에서 인도해냈습니다.
5. 감옥에 있던 사람들이 베드로를 놓아주었습니다.

2. 베드로를 위해 기도한 교회 사람들처럼 우리도 친구들을 위해 기도해보아요. 친구의 기도제목을 물어보고 아래의 칸에 적은 후 함께 기도하는 시간을 가져봅시다.

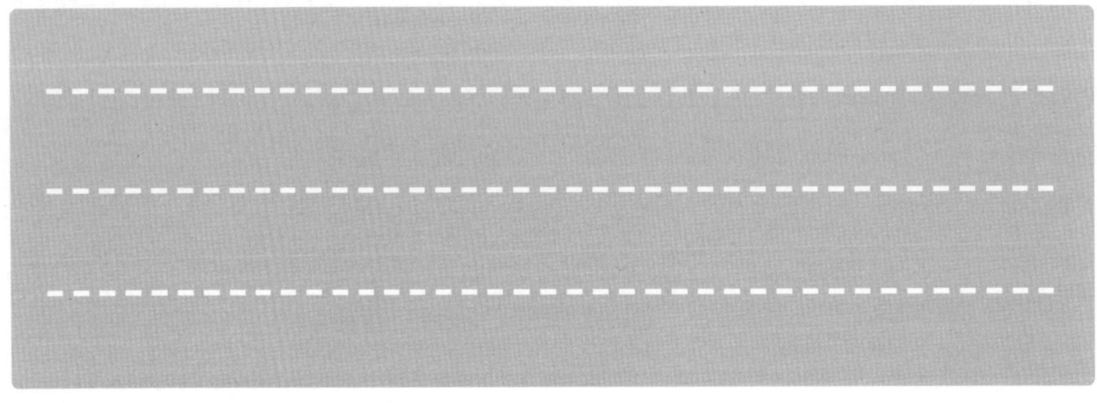

위의 라인을 자르고
기도하는 베드로를
오려서 뒷면에 붙여봅시다.

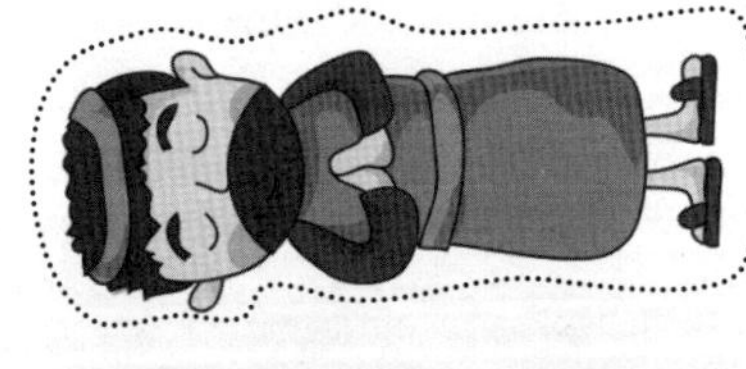

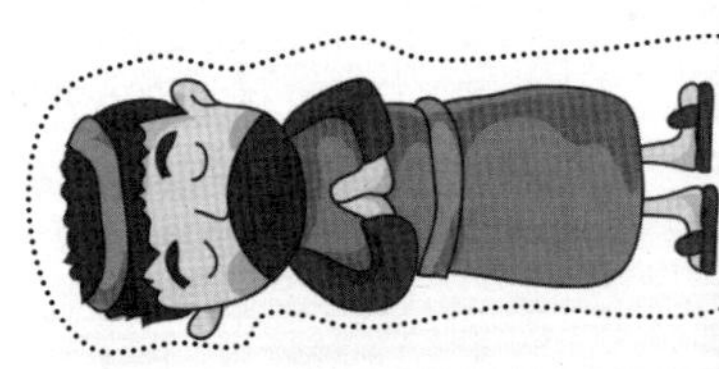

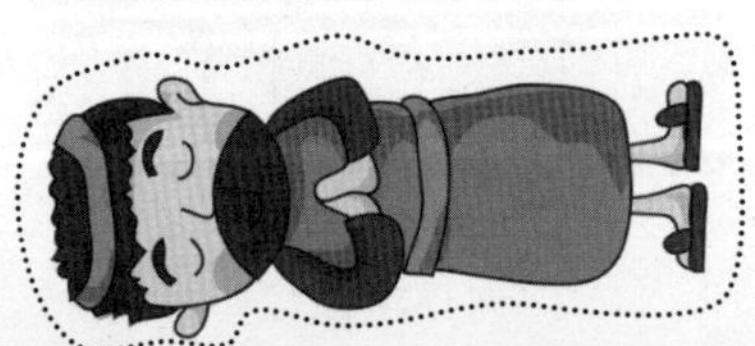

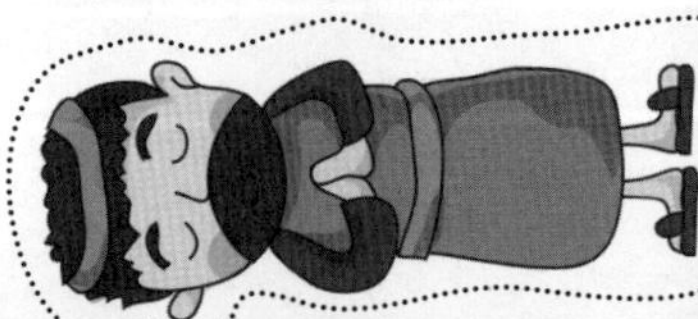

[말씀살피기 가이드]

[1번 문제]

오늘 말씀을 잘 들었다면 충분히 알 수 있는 문제입니다.

베드로가 감옥에 갇히게 되어 교회는 그를 위해 합심하여 간절히 기도하므로 하나님께서 그 기도를 들으시고 천사를 보내 베드로를 감옥에서 인도해내셨습니다.

[2번 문제]

다른 사람을 위해 기도하는 시간을 가져보면서 주님 안에 서로 사랑하고 화합하는 시간을 가져봅시다. 아이들에게 많은 것을 요구할 수는 없습니다. 그러나 한 두 문장이라도 정성껏 기도문을 써보는 연습은 굉장히 중요합니다.

[참고자료]

함께 모여 하는 기도의 힘

베드로는 천사의 도움을 받아 무사히 감옥에서 나와, 곧바로 믿음의 식구들이 모인 처소로 갔습니다. 그 집은 요한 마가의 어머니이자, 바나바의 자매인 마리아의 집이었습니다. 그 가정 교회에서 작은 예배 모임을 갖고 있었습니다.

베드로는 그곳에서 많은 사람들이 함께 기도하고 있음을 알았습니다. 모두 곤하게 잠든 야심한 시각, 그들은 베드로를 위하여 기도하고 있었습니다. 그들의 기도는 첫째, 그들은 간절하게 오래도록 기도했습니다. 둘째, 그들은 함께 모여 기도하였습니다. 셋째, 기도회에 모인 사람의 수효가 많았습니다. 이런 기도 가운데 베드로가 감옥에서 나왔습니다. 하나님께서는 간절한 기도에 놀라운 방법으로 응답해주시는 분입니다. 그분의 응답을 모르고 넘어가지 않도록 그리스도인들은 더욱 깨어 간절히 기도해야 합니다.

예수님의 기도

예수님은 무엇보다 기도의 본을 보이신 분입니다. 공생애 시작부터 40일간 금식 기도로 사역을 시작하셨습니다. 감람산 겟세마네는 예수님의 주요 기도처였습니다. 예수님은 홀로 한적한 곳을 찾아 기도하시기도 하셨고, 제자들과 함께 자주 기도하러 산에 오르시기도 하셨습니다. 뿐만 아니라, 제자들에게 늘 기도할 것을 명하셨습니다. 겟세마네의 처절한 기도의 내용과 십자가 상에서의 하신 말씀도 하나님께 향한 기도의 내용이 대부분이었습니다.
특별히 요한복음 17장은 예수님께서 우리를 위한 중보자적 기도로 큰 의미와 사랑을 느낄 수 있는 기도문이라 할 수 있습니다.

[꼼지락 꼼지락]

[어떤 상황에서도 기도해요]

감옥에 갇혔던 베드로는 상황을 바라보지 않고 하나님을 의지하며 기도했습니다. 이와 마찬가지로 우리 아이들도 어떠한 상황에서든지 하나님을 바라보고 하나님께 기도함으로 모든 상황을 넉넉히 이기는 믿음의 사람이 되기를 바랍니다. 우리 아이들의 삶 속에서 가장 많이 가게 되는 곳, 교회, 유치원, 방 안, 놀이터 등을 그림으로 제시하였고 아이들이 기도하는 베드로의 모습을 오려 4가지 장소에 붙여봄으로 하나님만을 의지하기로 다짐하는 시간이 되기를 바랍니다.

49. 꼼지락 꼼지락 [어떤 상황에서도 기도해요]

베드로는 감옥에서도 하나님께 기도했어요.
우리도 교회, 유치원, 내 방, 놀이터 등 어느 곳에 있든지 기도하는 어린이가 되기로 다짐하면서
기도하는 베드로의 모습을 예쁘게 오려 아래의 4가지 장소에 붙여보아요.

50과 바울과 바나바의 전도여행

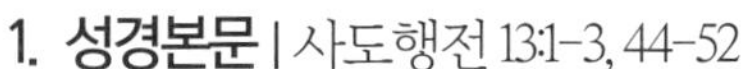

1. **성경본문** | 사도행전 13:1-3, 44-52

2. **외울 말씀** | 주께서 이같이 우리에게 명하시되 내가 너를 이방의 빛으로 삼아 너로 땅 끝까지 구원하게 하리라 하셨느니라 하니 (사도행전 13장 47절)

3. **리더들의 외침** | 내가 받은 은혜를 전하자!

4. **공과 주제** |
   1. 성령께서 바울과 바나바를 따로 부르셨어요.
   2. 바울과 바나바는 성령의 인도하심 따라 전도여행을 시작했어요.
   3. 온 시민이 하나님의 말씀을 듣고자 하여 모였어요.
   4. 이방인들에게도 복음이 전해졌어요.

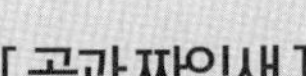

[공과 짜임새]

구분	시간	교사지침	준비물
1. 속닥속닥	10분	하나님과 대화하며 짧은쪽지 남기기	성경책 필기도구 색연필 가위
2. 성경이야기 들려주세요	10분	바울과 바나바가 성령의 보내심을 받아 전도여행을 떠난 이야기 살펴보기	
3. 말씀살피기	10분	복음을 전하는 일에 대해 생각해보기	
4. 꼼지락 꼼지락	10분	전도카드 만들기	

[이렇게 시작하세요]

우리 아이들이 친구들에게 예수님을 전한다면 어떻게 전할 수 있을까요? 아이들과 함께 돌아가며 예수님에 대해 소개하는 시간을 가져보세요. 예수님의 성품에 대해 이야기해도 좋고 자신이 깨달은 예수님의 사랑에 대해 이야기해도 좋습니다. 오늘은 자신이 알고 느낀 예수님을 직접 소개하는 것이 중요합니다. 아직 어린 아이들이기 때문에 예수님에 대한 소개가 부족하더라도 내용의 어떠함보다 예수님을 소개했다는 것에 대한 칭찬과 격려를 아끼지 마시길 바랍니다.
성경에도 예수님을 전한 많은 전도자들이 있었습니다. 그 중 오늘은 바울과 바나바에 대해 알아볼텐데 이들의 전도여행을 통해 어떻게 예수님이 전해지게 되었고 또 어떤 일들이 있었는지 살펴봄으로 우리 아이들이 전도의 중요성을 깨닫고 세상을 비추는 빛과 소금의 역할을 감당하며 예수님을 전하는 주의 자녀들이 되기를 바랍니다.

1. 속닥속닥 "하나님, 있잖아요"

이 부분은 아이들이 말씀을 듣기 전, 하나님과 대화하는 시간입니다. 본격적인 성경이야기가 시작되기 전에 아이들이 하나님과 친밀한 시간을 가지고 자유롭게 생각하면서 하나님께 하고 싶은 이야기를 적을 수 있도록 도와주세요. 아이들이 써내려가는 이야기의 내용은 속상한 마음일 수도 있고 회개의 마음일 수도 있고 궁금한 마음일 수도 있습니다.
이 부분에서는 아이들이 적은 내용을 확인하기보다는 진솔한 이야기를 적을 수 있도록 독려해주시고 작성이 끝난 후에는 아래의 오늘 읽어주실 말씀을 읽어주시고 멘트를 한번 더 읽어주셔서 아이들의 마음 속에 '하나님은 나를 가장 잘 아시고 가장 많이 사랑하시는 분'이라는 사실을 느낄 수 있도록 해주세요. 이 시간을 통해 우리 아이들이 하나님의 깊고 넓은 사랑을 가득 느낄 수 있기를 소망합니다.

<오늘 읽어주실 말씀과 멘트>
보라 아버지께서 어떠한 사랑을 우리에게 베푸사 하나님의 자녀라 일컬음을 받게 하셨는가, 우리가 그러하도다 그러므로 세상이 우리를 알지 못함은 그를 알지 못함이라 (요한일서 3장 1절)

"아버지께서 우리에게 얼마나 큰 사랑을 베푸셨는지를 생각해 보십시오. 하나님께서 우리를 자기의 자녀라 일컬어 주셨으니 우리는 하나님의 자녀입니다. 세상이 우리를 알지 못하는 까닭은 하나님을 알지 못하기 때문입니다."

2. 성경이야기 들려주세요

이방인 전도에 힘쓴 사람은 사도 바울과 바나바에요. 바울은 다메섹에서 예수님을 만나 회심하고 하나님께로 돌아선 사도입니다. 바나바는 착하고 성령과 믿음이 충만하며(행11:24) 구제와 말씀전파에 열정이 있었던 사람이에요. 또한 바울이 회심하기 전 많은 그리스도인들을 박해한 것을 못 마땅히 여기는 사람들에게 바울을 좋게 여기도록 한 사람입니다.

이 두 사람이 우리가 복음에 대한 소식을 들을 수 있도록 전도여행을 했어요. 그 일에 있어서는 '안디옥 교회'도 아주 중요한 역할을 했어요. '안디옥'이라는 곳에 세워진 안디옥 교회는 최초의 이방인교회로 제자들은 그곳에서 처음으로 '그리스도인'이라는 일컬음을 받게 되었습니다(행11:26). 바울과 동역자들이 선교를 하는 동안 안디옥교회에서 후원을 하였고 최초의 이방선교에 헌신한 교회로 이름을 남기게 되었어요. 그런 안디옥 교회에 선지자들과 교사들이 있었는데 그 중에 바울과 바나바도 있었어요. 이들이 주를 섬겨 금식을 할 때, 성령님께서는 "내가 불러 시키는 일을 위하여 바나바와 사울을 따로 세우라" 하셨고 바울과 바나바는 금식하며 기도하고 안수를 받고 전도여행을 떠나게 되었습니다. 그들은 성령의 보내심을 받고 이곳저곳을 다니며 예수님을 전했어요. 그러나 유대인들이 그들을 시기하고 반박했지요. 그러자 바울과 바나바는 유대인들에게 하나님의 말씀을 마땅히 먼저 전했지만 그것을 버리고 영생을 얻기에 합당하지 않은 자로 자처했기 때문에 이방인에게 하나님의 말씀을 전할 것이라고 담대히 말하고 이방인들에게 전했어요.

"주께서 이같이 우리에게 명하시되 내가 너를 이방의 빛으로 삼아 너로 땅 끝까지 구원하게 하리라 하셨느니라" 이 말을 들은 이방인들은 기뻐하여 그 말씀을 굳게 믿었고(행13:44-48) 예수님의 말씀이 그 지방에 널리 퍼지자 유대인들은 사람들을 동원하여 바울과 바나바를 박해하고 그 지역에서 쫓아냈으며 두 사람은 그들을 향해 발의 티끌을 털어버리고 다른 지역으로 떠났어요. 비록 그렇게 해서 쫓겨난 상황이었지만 제자들은 기쁨과 성령이 충만했습니다(행13:49-52).

[확인하기] 아래 장면을 성경 이야기 들은 내용의 순서에 맞게 번호를 매겨 봅시다.

3. 말씀살피기

1. 힌트를 참고하여 상자의 빈칸을 채워보세요.

1. 바	나	바		성
울		둑		령
			학	
2. 안	디	옥	교	3. 회
수				개

<힌트>

1. 착하고 믿음과 성령이 충만한 사람은?
2. 선교활동을 후원한 이방인교회는?
3. 바울이 예수님을 만나 한 것은?

2. 선생님이 알려주시는 단어를 친구들과 귓속말로 전달하여 정답을 맞추는 귓속말 게임을 해보아요.

[게임방법] 제한시간:2분

1. 두 팀을 나눕니다.
2. 친구들과 한 줄로 섭니다.
3. 선생님이 맨 앞에 친구에게 귓속말로 단어를 알려줍니다.
4. 앞에 선 친구에게 자신이 들은 단어를 귓속말로 전달합니다.
5. 맨 마지막에 선 친구가 큰소리로 정답을 외칩니다.
6. 선생님이 알려준 정답이 맞으면 성공!
7. 제한시간 안에 더 많은 정답을 외친 팀이 승리!

[말씀살피기 가이드]

[1번 문제]

바울과 바나바의 전도여행에서 핵심적인 내용을 문제에 넣었습니다. 오늘의 말씀을 잘 들었다면 풀 수 있는 문제입니다. 어려워하는 어린이의 경우 말씀을 되짚어주세요.

[2번 문제]

이 게임은 전도라는 특징과 비슷한 게임입니다. 한 가지 단어를 올바르게 전달하면서 전하는 것이 얼마나 중요한 일인지 직접 느껴볼 수 있지요. 정답은 '회개, 바울, 바나바, 감사, 예수님, 전도, 성령, 안디옥' 등이 있습니다. 아이들이 게임을 하면서 아이들과 함께 친밀해지는 시간을 가지며, 더불어 게임이 끝난 후에는 오늘 배운 말씀을 정리하는 시간을 가지시길 바랍니다.

[참고자료]

최초의 이방인 중심의 교회 안디옥 교회

사도행전 1장 8절에는 복음이 전파되는 순서가 기록되어 있습니다. 그것은 예루살렘과 온 유대 그리고 사마리아와 땅끝입니다. 그래서 교회의 시작은 오순절 성령강림 사건을 통해 제일 먼저 예루살렘에서 시작됩니다. 그후, 빌립을 통한 사마리아 사역이 시작되었고, 바울의 회심을 통해 이방인에게 복음이 전해지게 되었습니다.

이런 복음전파에 가장 중요한 점은 복음전파는 사도들에 의해 전해졌지만, 그들을 이끌고 역사케 하신 분은 성령님이시라는 사실입니다. 다시말해 모든 복음사역은 성령께서 직접 관여하시는 하나님의 사역입니다. 복음의 기쁜 소식은 예루살렘과 팔레스타인을 거쳐 마침내 안디옥까지 전해졌습니다. 성령께서는 바울과 바나바를 택하셔서 이방인들을 하나님께로 돌아오도록 하셨고 그로인해 안디옥교회가 세워졌는데 이는 이방인 중심의 최초의 교회가 되었습니다.

사도바울

'바울은 혈통적으로는 아브라함의 씨에서 난 자이고 베냐민 지파 출신으로 순수 히브리인이었습니다. 바울은 난 지 8일 만에 할례를 받고 유대교와 유대 전통에 정통했던 자(롬 11:1; 고후 11:22; 갈

1:14; 빌 3:5-6) 였습니다. 그가 태어난 곳은 길리기아의 다소였습니다(행 21:39; 22:3). 그는 출생 당시부터 로마 시민권자였습니다(행 22:25-28).

바울은 예루살렘 교회를 핍박하는 데 그치지 않고 다메섹 성도들을 체포하기 위해 대제사장의 공문을 받아 다메섹으로 가던 도중 밝은 대낮, 정오에 노상에서 부활하신 주님을 만나 회심됩니다. 그리고 회심한 이후 이방인 사도로 훌륭하게 주님의 사역을 감당합니다.

바울의 선교 여정을 살펴보면 그는 수리아와 길리기아 지역(바울의 고향)에서 약 10여 년의 시간을 보내게 됩니다. 그 후반부에 바나바의 부름을 받아 안디옥 교회에서 공동 사역하게 됩니다(행 11:25-26). 그리고 바나바의 증언으로 예루살렘 교회 사도들의 인정을 받게 되며 바나바, 마가와 더불어 안디옥 교회로부터 선교사로 파송받고 1차 선교여행에 나서게 됩니다(행 13:1-14:28). 그후 구브로 섬의 도시들, 소아시아의 버가, 이고니온, 루스드라, 더베 등지에서 선교합니다.

마가의 문제로 바나바와 결별하고 실라와 함께 2차 선교여행을 떠나게 되는데(행 15:36-18:22) 소아시아를 거쳐 헬라, 마게도냐 지방의 빌립보, 데살로니가, 베뢰아, 아가야 지방의 아덴, 고린도 등지에서 복음을 전합니다. 그리고 3차 선교여행은 1, 2차 선교여행 때 세운 교회들을 돌아보며 에베소에서 3년 간 목회하며 전도합니다(행 18:23-21:14). 이후 예루살렘으로 귀환하여 유대인들에게 체포되었고(행 21:27-23:22) 가이사랴 빌립보에 이송되었다가(행 23:23-27) 황제에게 재판받기 위해 로마로 향하게 됩니다(행 25:1-26:32; 27:1-28:16). 비록 죄인의 신분이었지만, 1차로 2년 간 로마에서 가택연금상태로 비교적 자유롭게 복음을 전할 수 있었고 그후 네로황제의 박해로 순교당했다고 전해지고 있습니다.

[꼼지락 꼼지락]

[예수님을 전해요]

우리 아이들이 오늘 배운 바울과 바나바처럼 예수님을 전하는 시간을 가지면 좋을 것 같습니다. 제시된 카드의 하얀 면을 예쁜 색으로 채우고 아이들이 직접 예수님을 믿지 않는 친구에게 간단하게 편지를 써보도록 하여 실제로 전할 수 있도록 인도해주세요.

5과 바울과 실라의 전도여행

1. **성경본문** | 사도행전 16:16-40

2. **외울 말씀** | 이르되 주 예수를 믿으라 그리하면 너와 네 집이 구원을 받으리라 하고 (사도행전 16장 31절)

3. **리더들의 외침** | 영혼 구원을 위해 기적이 일어났어요!

4. **공과 주제** |
   1. 바울과 실라는 2차 전도여행을 하며 예수의 이름으로 능력을 행했어요.
   2. 바울과 실라는 옥에 갇혀서도 하나님을 찬송했어요.
   3. 옥문이 열리는 기적이 일어나 바울과 실라는 간수와 그의 가족을 전도했어요.

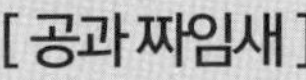

[공과 짜임새]

구분	시간	교사지침	준비물
1. 속닥속닥	10분	하나님과 대화하며 짧은쪽지 남기기	성경책 필기도구
2. 성경이야기 들려주세요	10분	바울과 실라의 전도여행 중 일어난 일 살펴보기	
3. 말씀살피기	10분	우리가 전해야 할 복음의 핵심 살펴보기	
4. 꼼지락 꼼지락	10분	열쇠찾기	

[이렇게 시작하세요]

우리 아이들이 생각하기에 '예수님을 알게 되서 좋은 점'은 무엇이 있을까요? 아이들에게 물어보시고 함께 나눠보세요. 예수님을 알게 되서 좋은 점은 예수님이 날 사랑하신 다는 것, 천국에 갈 수 있다는 것, 하나님께 예배할 수 있다는 것 등이 있을 것입니다. 이 외에도 다양한 의견이 나올 것이니 아이들 나름의 기발한 나눔을 들어보시길 바랍니다.

아이들이 나눈 것처럼 예수님을 믿는다는 것은 우리의 삶에서 가장 기쁘고 행복한 일입니다. 그래서 많은 사람들이 열심히 예수님을 전하지요. 오늘 말씀에서는 바울과 실라의 전도여행 중에 생긴 일이 나옵니다. 우리가 생각하기에 어려운 일들이 해결되고 기적이 일어나지요. 이를 통해 우리는 복음을 전하는 일에 대한 사명을 깨닫고 복음을 전하는 일이 얼마나 중요한 일인지 깨닫게 됩니다. 또한 어떤 어려운 상황에서도 하나님이 함께하시면 기적이 일어나고 슬픔이 변하여 기쁨이 되게 하신다는 사실을 알게 됩니다. 오늘 말씀을 통해 우리 아이들이 바울과 실라를 본받아 복된 소식을 전하는 친구들이 되도록 기도로 준비해주세요.

1. 속닥속닥 "하나님, 있잖아요"

이 부분은 아이들이 말씀을 듣기 전, 하나님과 대화하는 시간입니다. 본격적인 성경이야기가 시작되기 전에 아이들이 하나님과 친밀한 시간을 가지고 자유롭게 생각하면서 하나님께 하고 싶은 이야기를 적을 수 있도록 도와주세요. 아이들이 써내려가는 이야기의 내용은 속상한 마음일 수도 있고 회개의 마음일 수도 있고 궁금한 마음일 수도 있습니다.

이 부분에서는 아이들이 적은 내용을 확인하기보다는 진솔한 이야기를 적을 수 있도록 독려해주시고 작성이 끝난 후에는 아래의 오늘 읽어주실 말씀을 읽어주시고 멘트를 한번 더 읽어주셔서 아이들의 마음 속에 '하나님은 나를 가장 잘 아시고 가장 많이 사랑하시는 분'이라는 사실을 느낄 수 있도록 해주세요. 이 시간을 통해 우리 아이들이 하나님의 깊고 넓은 사랑을 가득 느낄 수 있기를 소망합니다.

<오늘 읽어주실 말씀과 멘트>

그가 우리를 위하여 목숨을 버리셨으니 우리가 이로써 사랑을 알고 우리도 형제들을 위하여 목숨을 버리는 것이 마땅하니라 (요한일서 3장 16절)

"그리스도께서 우리를 위하여 자기 목숨을 버리셨으니 이로써 우리가 사랑을 알게 되고 우리도 형제자매를 위하여 목숨을 버리는 것이 마땅합니다."

2. 성경이야기 들려주세요

바울은 실라와 함께 2차 전도여행을 떠나게 되었습니다. 그리고 어느 날, 그들은 귀신들려 점을 치는 여종을 만나게 되었는데 그 여종은 점을 치고 돈을 받아 자신의 주인들에게 이익을 주고 있었어요. 그런데 그 여자가 바울과 실라를 따라오면서 큰 소리로 "이 사람들은 지극히 높으신 하나님의 종들인데, 여러분에게 구원의 길을 전하고 있다" 라고 외쳤어요. 그리고 이런 날이 계속 되자, 바울은 괴로워하다가 그 귀신에게 말했습니다.

"예수 그리스도의 이름으로 내가 네게 명하노니 그에게서 나오라"

그러자 귀신이 그 즉시로 나왔고 여종의 주인들은 이제 여종이 점을 쳐서 번 돈을 받을 수 없게 되자 바울과 실라를 붙잡아 장터 관리들에게 끌고 갔어요. 그리고 상관들은 바울과 실라의 옷을 찢어 벗기고 매로 치라고 지시하고 옥에 가두기까지 했습니다. 이런 가운데 바울과 실라는 하나님께 기도하고 찬송했어요. 그러자 감옥에 있던 모든 죄수들이 듣게 되었는데 갑자기 큰 지진이 나더니 감옥이 움직이고 문이 열리며 모든 사람의 묶인 것이 풀리는 기적이 일어났어요. 한편, 감옥을 지키던 간수는 자다가 깨어서 옥문이 열린 것을 보고 죄수들이 도망한 줄 알고 칼을 빼어 스스로 목숨을 끊으려고 했어요. 그러자 바울은 우리가 다 여기 있으니 몸을 상하게 하지 말라고 소리쳤습니다. 간수는 바울과 실라 앞에 엎드려 어떻게 하면 구원을 받을 수 있는지 물어보았어요. 그러자 바울은 대답했습니다. "주 예수를 믿으라 그리하면 너와 네 집이 구원을 받으리라." 그리고 주의 말씀을 그 사람과 그의 집에 있는 사람들 모두에게 전했고 간수는 바울과 실라를 데리고 와 맞은 자리를 씻어주고, 자신과 온 가족이 세례를 받은 후 그들을 데리고 자기 집에 올라가서 음식을 차려 대접했어요.

그리고 다음날, 상관들은 부하를 보내어 바울과 실라를 놓아주라고 했지만, 바울은 로마 사람인 우리를 죄도 정하지 않고 공중 앞에서 때리고 옥에 가두었다가 이제는 가만히 내보내고자 한다며, 상관들이 직접 와서 데리고 나가야 한다고 말했어요. 그러자 그들이 로마 사람이라는 말을 듣고 두려워하여 그들을 데리고 나가 성에서 떠나라고 했습니다. 그후 두 사람은 감옥에서 나와 형제들을 만나서 위로했어요.

감옥 안은 전도하기 힘든 곳이었지만 바울과 실라는 기도와 찬송으로 하나님을 의지하며 하나님을 높였어요. 하나님은 그것을 들으시고 바울과 실라는 물론 모든 죄수들의 묶인 것을 풀어주셨습니다.

[확인하기] 아래 장면을 성경 이야기 들은 내용의 순서에 맞게 번호를 매겨 봅시다.

3. 말씀살피기

1. 바울과 실라는 감옥에 갇혀 묶였다가 풀렸어요. 그들이 무엇을 한 후에 풀리게 되었을까요? 맞는 그림을 골라 ○를 치세요.

2. 아래의 말씀은 바울이 간수의 질문에 한 대답이에요.
   아래의 성경구절을 따라 써보고 함께 읽어보아요.

이르되 주 예수를 믿으라 그리하면 너와 네 집이 구원을 받으리라 하고 (사도행전 16장 31절)

[말씀살피기 가이드]

[1번 문제]

이번 과의 내용을 잘 이해했는지 다시 한 번 확인하는 문제입니다. 하나님께 기도하고 감사의 찬송을 불렀을 뿐인데 감옥문이 열리고 착고가 풀어지고 심지어 큰 지진까지 일어났습니다. 하나님의 능력이면 못할 것이 없고, 안 될 일이 없음을 아이들에게 잘 알려주세요.

하나님께 드리는 감사의 찬송과 기도가 얼마나 중요한지도 알려주시고 그런 사건을 통해 간수와 가족이 예수님을 믿게 되었다는 사실도 알려주세요.

"그가 이러한 명령을 받아 그들을 깊은 옥에 가두고 그 발을 차꼬에 든든히 채웠더니 한밤중에 바울과 실라가 기도하고 하나님을 찬송하매 죄수들이 듣더라 이에 갑자기 큰 지진이 나서 옥터가 움직이고 문이 곧 다 열리며 모든 사람의 매인 것이 다 벗어진지라"(사도행전 16:24-26)

[2번 문제]

어떻게 하면 구원을 얻을 수 있는지 물어보는 간수에게 바울은 "주 예수를 믿으라 그리하면 너와 네 집이 구원을 받으리라"고 대답했습니다. 우리는 믿지 않는 사람들에게 다른 것이 아닌 우리를 구원하신 예수님을 전해야 합니다. 우리가 전해야 할 복음의 핵심은 예수 그리스도라는 사실을 아이들에게 설명해주세요.

[참고자료]

주 예수를 믿으라!

바울은, 어떻게 하면 구원을 받을 수 있냐는 간수의 물음에 "주 예수를 믿으라"는 말로 시작하였습니다. 본문에서 모든 복음의 내용은 '주 예수 그리스도를 믿으라, 그리하면 너와 네 집에 구원을 얻으리라' 입니다.

즉 우리는 하나님의 중보자를 통해서 자신과 세상을 화해시키려는 방법을 인정해야 하며 우리에게 보냄을 받으신 예수 그리스도를 받아들여야 합니다.

이것이 구원을 받을 수 있는 유일한 길이며 우리가 이 길을 선택한다면 우리의 기대에 어긋나는 일은 결코 없을 것입니다. '그를 믿는 자는 구원을 받을 것이다'라는 말씀은 모든 피조물에게 선포되어야 할 복음인 것입니다.

이 말씀이 그의 가족에게까지 선포되어 그들이 예수 그리스도를 믿기만 하면 그들은 모두 구원을 받을 것이라는 점을 말씀을 통해서 확실히 알 수 있습니다.

[꼼지락 꼼지락]

[열쇠를 찾아라!]

이번 활동은 아이들이 제시된 열쇠모양과 똑같은 열쇠를 그림 안에서 찾는 재미있는 활동입니다. 아이들과 함께 즐겁게 활동하면서 오늘 배웠던 바울과 실라는 감옥에 갇혔을 때 하나님께 기도하며 찬송했고 기적이 일어났음을 다시 한 번 설명해주심으로 아이들이 활동내용과 말씀내용을 혼동하지 않도록 도와주시길 바랍니다.

52과 알파와 오메가

1. 성경본문 | 요한계시록 1:1-8

2. 외울 말씀 | 주 하나님이 이르시되 나는 알파와 오메가라 이제도 있고 전에도 있었고 장차 올 자요 전능한 자라 하시더라 (요한계시록 1장 8절)

3. 리더들의 외침 | 알파와 오메가의 하나님을 기다려요

4. 공과 주제 |

1. 요한은 하나님의 계시를 받아 기록을 남겼어요.
2. 알파와 오메가의 하나님을 기다려요.

[공과 짜임새]

<table>
<tr><th>구분</th><th>시간</th><th>교사지침</th><th>준비물</th></tr>
<tr><td>1. 속닥속닥</td><td>10분</td><td>하나님과 대화하며 짧은쪽지 남기기</td><td rowspan="4">성경책
필기도구</td></tr>
<tr><td>2. 성경이야기 들려주세요</td><td>10분</td><td>하나님의 계시를 받아 하나님의 말씀을 기록한 요한에 대해 알아보기</td></tr>
<tr><td>3. 말씀살피기</td><td>10분</td><td>다시 오실 예수님을 소망하기</td></tr>
<tr><td>4. 꼼지락 꼼지락</td><td>10분</td><td>예수님을 기다리는 나의 모습 다짐하기</td></tr>
</table>

[이렇게 시작하세요]

오늘은 비전공과의 마지막 시간입니다. 그동안 함께 한 아이들과 서로 격려하며 칭찬하는 시간을 가져봅시다. 한 학기동안 배우며 깨달은 것을 이야기해도 좋습니다.
이렇듯 모든 것에는 시작이 있고 끝이 있지요. 우리가 한 학기를 시작한 지도 엊그제 같은데 벌써 마지막 시간입니다. 오늘은 시작과 끝에 대한 말씀입니다. 이 세상도 반드시 마지막이 있지요. 하지만 그때가 언제인지는 아무도 알지 못합니다.
오늘은 처음과 나중이라는 뜻의 '알파와 오메가'를 배우며 다시 오실 예수님을 기다리는 우리의 모습에 대해 배울 것입니다. 우리 아이들이 아직은 어리지만 그럼에도 다시 오실 예수님을 기다리며 천국의 소망을 바라는 귀한 우리 친구들이 되기를 바랍니다.

1. 속닥속닥 "하나님, 있잖아요"

이 부분은 아이들이 말씀을 듣기 전, 하나님과 대화하는 시간입니다. 본격적인 성경이야기가 시작되기 전에 아이들이 하나님과 친밀한 시간을 가지고 자유롭게 생각하면서 하나님께 하고 싶은 이야기를 적을 수 있도록 도와주세요. 아이들이 써내려가는 이야기의 내용은 속상한 마음일 수도 있고 회개의 마음일 수도 있고 궁금한 마음일 수도 있습니다.
이 부분에서는 아이들이 적은 내용을 확인하기보다는 진솔한 이야기를 적을 수 있도록 독려해주시고 작성이 끝난 후에는 아래의 오늘 읽어주실 말씀을 읽어주시고 멘트를 한번 더 읽어주셔서 아이들의 마음 속에 '하나님은 나를 가장 잘 아시고 가장 많이 사랑하시는 분'이라는 사실을 느낄 수 있도록 해주세요. 이 시간을 통해 우리 아이들이 하나님의 깊고 넓은 사랑을 가득 느낄 수 있기를 소망합니다.

<오늘 읽어주실 말씀과 멘트>
하나님의 사랑 안에서 자신을 지키며 영생에 이르도록 우리 주 예수 그리스도의 긍휼을 기다리라 (유다서 1장 21절)

"하나님의 사랑 안에 머무르면서 자신을 지키고 영생에 이르도록 우리 주 예수 그리스도의 자비를 기다리십시오."

2. 성경이야기 들려주세요

요한계시록은 요한이 '밧모'라는 섬에서 하나님의 계시를 받고 기록한 성경말씀이에요. 요한은 밧모섬에서 18개월 동안이나 머무르면서 하나님께 계시를 받아 하나님의 말씀을 기록했어요.

예수님께서는 유대인들에 의해 십자가에 못 박혀 돌아가시고 3일 만에 부활하셨어요. 그리고 제자들, 사람들과 함께 하시다가 제자들에게 땅 끝까지 복음을 전할 것을 강조하시며 다시 하늘로 올리셨어요. 그리고 우리가 언제인지 알지는 못하지만 예수님께서는 반드시 올라가셨던 그 모습 그대로 우리에게 다시 온다고 하셨어요. 그래서 우리는 항상 예수님이 오신다는 것을 기억하며 살아가야 해요.

이 세상을 창조하신 이도 하나님(예수님) 한분이시기 때문에 마지막에 세상을 끝내시는 분도 하나님이세요. 하나님은 시작과 마침이기 때문이에요. 바로 그 증거가 말씀 안에 있어요. 오늘 본문 8절에 하나님께서 이렇게 말씀하셨어요. "주 하나님이 이르시되 나는 알파와 오메가라 이제도 있고 전에도 있었고 장차 올 자요 전능한 자라 하시더라." 알파와 오메가는 신약시대에 사용했던 언어인 헬라어의 처음과 마지막 알파벳이에요. 즉, 첫 번째 알파벳은 알파라고 읽고, 마지막 알파벳은 오메가라고 읽어요. 그래서 처음에도 계시고 마지막에도 계실 하나님을 '알파와 오메가'라고 하는 거예요. 하나님께서는 요한에게 천사를 보내어 이 사실을 말씀하셨어요.

하나님은 시작과 마침, 처음과 마지막, 바로 알파와 오메가의 하나님이세요. 그렇다면 이제 우리는 마침의 하나님을 기대하는 자세를 가져야해요. 예수님께서 구름타시고 오실 때에 그를 박해한 자들은 물론 땅에 있는 모든 사람들이 예수님을 볼 거예요. 또한, 하나님께서는 전에도, 지금도 계시고 앞으로 오실 전능한 분이라는 이 말씀은 변함이 없고, 우리는 늘 이 말씀을 기억하며 다시 오실 예수님을 기대하며 하나님의 자녀로 살아가야 해요. 그때가 언제인지는 아무도 알 수 없지만 그때가 빠르게 올 것이라고 해요. 요한계시록 마지막 장인 22장 20절 말씀에 "이것들을 증언하신 이가 이르시되 내가 진실로 속히 오리라 하시거늘 아멘 주 예수여 오시옵소서"라고 기록되어 있어요. 그러므로 언제나 이 말씀을 마음에 새기고 하나님의 자녀로 주님을 만날 수 있도록 기도하면서 기대하는 주의 어린이가 되어요.

[확인하기] 아래 장면을 성경 이야기 들은 내용의 순서에 맞게 번호를 매겨 봅시다.

3. 말씀살피기

1. 다음의 두 그림은 예수님께서 다시 오시는 모습입니다. 그런데 두 그림에는 틀린 곳이 있어요. 그곳을 찾아 동그라미를 쳐보고 틀린 이유를 적어보세요.

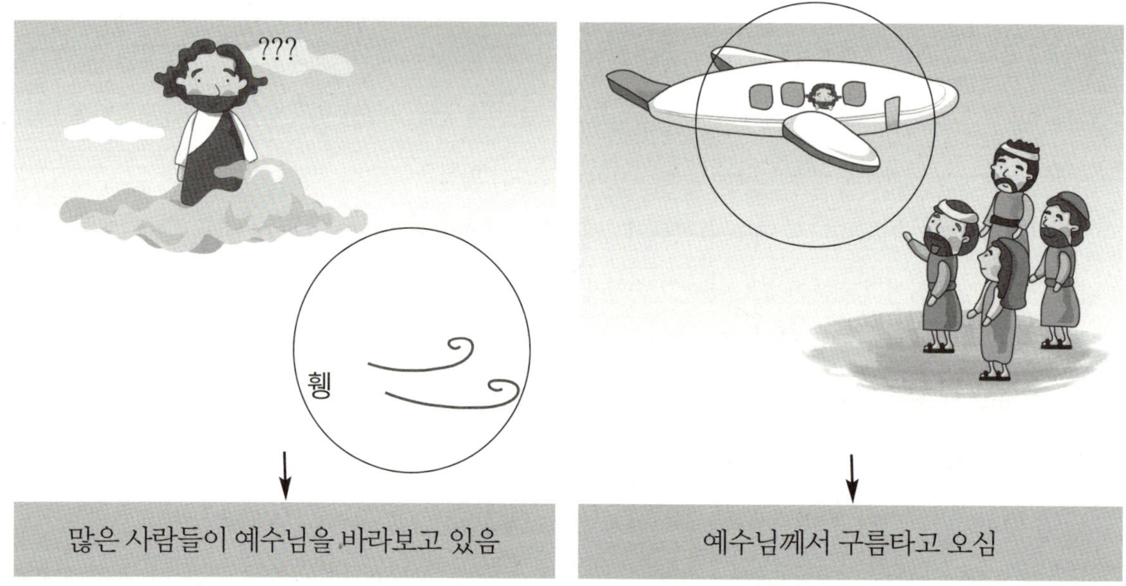

2. 아래의 빈칸에 알맞은 말을 써주세요.

주 하나님이 이르시되 나는 (알)(파)와 (오)(메)(가)라 이제도 있고 전에도 있었고 장차 올 자요 전능한 자라 하시더라

[말씀살피기 가이드]

[1번 문제]

요한계시록 1장 7절은 중요한 구절 중의 한 구절입니다. 예수님께서 다시 오실 때를 아무도 모른다고 하였는데, 예수님께서 오실 때 구름타고 오시며, 모든 사람들이 예수님을 바라보고 그들은 애곡할 것이라고 했습니다.

그때에는 예수님을 찌른 자들도 예수님을 바라볼 텐데, 우리 하나님을 믿는 자녀들에게는 예수님이 다시 오시는 날이 그만큼 중요한 날이며 우리는 늘 예수님을 기다리는 그리스도인이기에 요한계시록 1장 7절 말씀은 항상 염두에 두어야 합니다. 그림에서 잘못된 부분은 왜 잘못되었는지까지 나눌 수 있도록 지도해주세요.

[2번 문제]

오늘 본문말씀인 요한계시록 1장 8절입니다. 알파와 오메가의 뜻을 올바로 이해하고 알파와 오메가이신 예수님을 기다리는 믿음을 가지도록 함께 기도로 마무리 해주세요.

[참고자료]

계시를 대하는 사람들에 대한 축복

요한은 이 계시의 말씀을 읽는 자들과 듣는 자들, 또한 그 가운데 기록한 것들을 지키는 자들에게 복이 있을 것이라고 말합니다. 그 이유는 때가 가깝기 때문입니다. 이러한 축복은 우리가 계시록에 기록된 말씀을 연구하도록 격려해주며 또한 이 예언의 말씀을 깊이 연구하며 충실히 행하면 장차 임하는 마지막 때를 잘 준비할 수 있게 될 것입니다.

한편 이러한 축복은 반드시 요한계시록에만 해당되는 것이라기보다는 모든 말씀으로 확대된다고 볼 수 있습니다. 하나님께서는 우리 성도들이 마지막 때가 가까울수록 더욱 더 말씀을 읽고 들으며 충실하게 지키는 삶을 원하십니다.

마지막 때에 구름타고 오시는 예수님을 바라보며 슬피 우는 사람이 아니라, 기쁨으로 화답하며 기쁨의 눈물을 흘리는 하나님의 백성이 될 수 있도록 깨어 기도하며 그날을 기대해야 합니다. 그러한 삶이야말로 우리들에게 한없는 축복이 될 것입니다.

[꼼지락 꼼지락]

[예수님을 기다려요!]

다시 오실 예수님을 기다리는 우리의 모습은 어떠해야 하는지 생각해보고 아이들 스스로 올바르다고 생각하는 문장에 체크함으로 그렇게 살 것을 다짐하는 시간입니다. 제시된 6개의 문장을 읽어주신 후에 아이들이 활동하도록 지도하시고 장난친다거나 티비만 열심히 본다고 체크한 아이들이 있다면 그렇게 체크한 이유를 들어보신 후에 다시 오실 예수님을 소망하고 기다리는 마음을 가질 수 있도록 함께 기도해주시길 바랍니다.

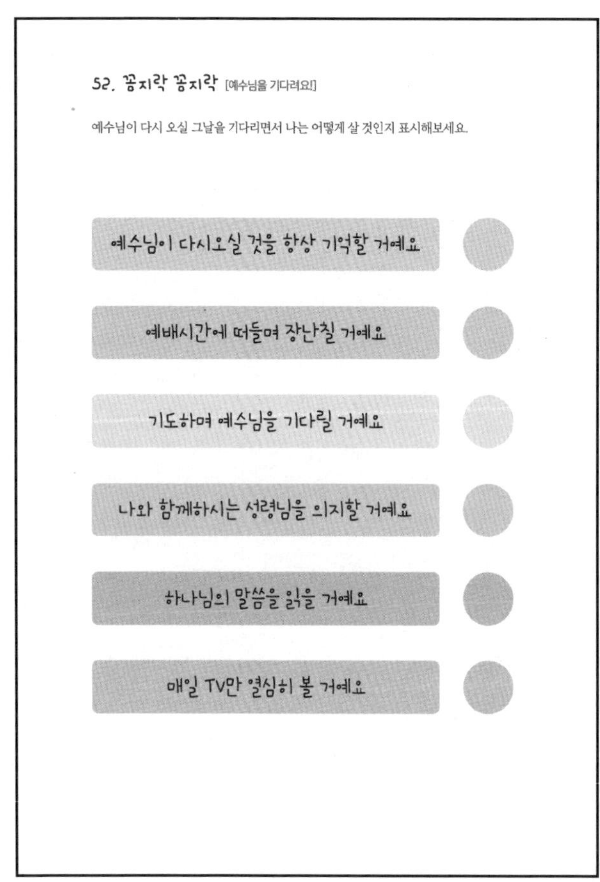

52. 꼼지락 꼼지락 [예수님을 기다려요!]

예수님이 다시 오실 그날을 기다리면서 나는 어떻게 살 것인지 표시해보세요.

- 예수님이 다시오실 것을 항상 기억할 거예요
- 예배시간에 떠들며 장난칠 거예요
- 기도하며 예수님을 기다릴 거예요
- 나와 함께하시는 성령님을 의지할 거예요
- 하나님의 말씀을 읽을 거예요
- 매일 TV만 열심히 볼 거예요